看了就能懂的法律常识

道路交通

方也媛◎主编

赵美玲◎副主编

吉林出版集团股份有限公司

全国百佳图书出版单位

图书在版编目（CIP）数据

看了就能懂的法律常识. 道路交通 / 方也媛主编
.-- 长春：吉林出版集团股份有限公司，2023.4
（2025.1重印）
　ISBN 978-7-5731-1432-7

　Ⅰ.①看… Ⅱ.①方… Ⅲ.①道路交通安全法 - 基本
知识 - 中国 Ⅳ.①D920.4

　　中国版本图书馆CIP数据核字（2022）第055224号

KANLE JIU NENG DONG DE FALU CHANGSHI DAOLU JIAOTONG

看了就能懂的法律常识·道路交通

主　　编	方也媛
副 主 编	赵美玲
责任编辑	金　昊
装帧设计	刘美丽

出　　版	吉林出版集团股份有限公司
发　　行	吉林出版集团社科图书有限公司
地　　址	吉林省长春市南关区福祉大路5788号　邮编：130118
印　　刷	唐山楠萍印务有限公司
电　　话	0431-81629711（总编办）
抖 音 号	吉林出版集团社科图书有限公司　37009026326

开　　本	720 mm×1000 mm　1 / 16
印　　张	13
字　　数	150 千
版　　次	2023 年 4 月第 1 版
印　　次	2025 年 1 月第 2 次印刷

书　　号	ISBN 978-7-5731-1432-7
定　　价	55.00 元

如有印装质量问题，请与市场营销中心联系调换。0431-81629729

编 委 会

序　言

党的十八大以来，以习近平同志为核心的党中央高度重视法治在推进国家治理体系和治理能力现代化中的重要作用，中央全面依法治国工作会议更是明确了习近平法治思想在全面依法治国中的指导地位，为全面依法治国提供了根本遵循和行动指南。

依法治国、普法先行。法治宣传教育是一项具有基础性、先导性、长期性的工作，推进全面依法治国，归根结底要靠全民法治素质的提高，靠依法办事习惯的养成。可以说，全民普法是全面依法治国的重要内容之一，对法治中国建设起着基础性的关键作用。近年来，随着普法教育的深入，公民的法律意识不断增强，自觉维护法律和自身权益已成为许多公民的自觉行为。但是在分工不断发展、生活节奏逐渐加快的现代社会中，普通民众忙于生计，无暇深入研究法规法条，而且，庞杂的现代法律也使得普通民众难以深层次地了解法律知识。

如何能够使这个庞大的群体在忙碌之余接受法律的教育，如何让他们对法律产生兴趣并且在遇到法律问题时可以快捷地找到答案？方也媛老师带队编写的这套图书就为大家提供了这样的一种途径。

这套书一共六本，分别是《看了就能懂的法律常识 合同纠纷》《看了就能懂的法律常识 婚姻家庭》《看了就能懂的法律常识 道路交通》《看了就能懂的法律常识 劳动纠纷》《看了就能懂的法律常识 未成年人保护》《看了就能懂的法律常识 中小企业法律风险防控》。结构上分为案例、法律问题、法律分析、案例拓展四个部分。先通过案例引出问题，让读者可以清晰地知道在什么情况下可能存在什么法律问题。之后在法律分析中对引出的问题进行解释，最后通过案例拓展对该法律问题的相关法律知识进行普及，提出合理规避风险的方法。这种编排方式不仅可以针对已产生的问题给出解决办法，也能让当事人对潜在的风险充分防范。

书中案例全部来自裁判文书网上发布的真实案例，更贴近生活实际。法律分析版块在引用现行相关法律条文对案例进行解析的同时，又对法律的适用环境进行解读，以便于读者在现实中遇到类似情况时进行应用。案例拓展版块充分展示了法律在实践应用中可能遇到的情况，既起到拓展思路的作用，也可以使读者不局限于本书的内容，进行更深入的思考。

本书主编方也媛，在从事教学工作的同时担任律师多年，理论知识和实践经验均比较丰富。其他作者全部通过了国家统一法律职业资格考试。这些作者均具有研究生学历，在校期间成绩优异，在学术上取得了一定的成果：多人曾在省级期刊发表论文，一人曾获副省级法治论坛优秀论文奖，多人参与吉林省法学会项目等课题研究。

人们在生活中都会碰到各种问题和麻烦，很多时候都需要使用法律来解决。所以，法律离我们每个人并不远，它与生活息息相关。很多人可能感觉法律是一道难以逾越的高墙，遇到了法律问题大部分人不知道怎么解决，甚至干脆就能忍则忍，放弃主动用法律武器保护自己的权利。希望本书能够为读者们提供一个解决问题的思路，让读者们在生活中遇到问题时能够通过本套书的案例和分析得到一个解决办法，为生活增添一些便捷。

是为序。

李韧夫

2022年12月

目录
CONTENTS

第三章　交通事故中受害人维权问题

第一章
交通事故中侵权责任的认定

看了就能懂的
法律常识
道路交通
KANLE JIU NENG DONG DE
FALÜ CHANGSHI
DAOLU JIAOTONG

问题1：
公共停车场内发生的事故属于交通事故吗？

[案例]

2015年4月25日22时40分许，黄某兵停放在某地码头公共停车场内的中型自卸货车自行下滑。在滑行过程中，该车将吉某撞倒，将正在钓鱼的周某明撞入江中，造成吉某受伤、周某明当场死亡的事故。事后，经司法鉴定得知，周某明的死亡为交通事故损伤所致，且未发现发生事故的货车有导致本次事故发生的机械方面的原因。2015年5月31日，某市公安局经调查，因无法查清交通事故成因，故而仅出具了《道路交通事故证明》一份。现双方就责任承担问题发生纠纷，起诉至法院。

经审理，一审法院认为：黄某兵应对周某明承担全部民事责任，保险公司在交强险和商业保险范围内承担保险责任。保险公司不服提起上诉，主张事故发生于停车场内，不符合保险责任发生条件。二审法院对保险公司的上诉理由不予采信，驳回其上诉请求，维持一审判决结果。

[法律问题]

1. 停车场内发生的事故是否属于交通事故？

2. 假定本案事故没有被定性为交通事故，保险公司是否需要承担责任？

[法律分析]

交通事故在我们身边并不罕见，发生地点也有许多，虽多见于公共道路，但封闭路段或停车场内也时有发生。那么在封闭路段或停车场内发生的事故是否属于交通事故？依据《中华人民共和国道路交通安全法》（以下简称《道路交通安全法》）第一百一十九条第五项的规定，"交通事故"是指车辆在道路上因过错或者意外造成的人身伤亡或者财产损失的事件。故而，车辆在道路上发生的事故便属于交通事故。本案中的停车场是否属于法律规定的道路呢？依据《道路交通安全法》第一百一十九条第一项规定，"道路"是指公路、城市道路和虽在单位管辖范围但允许社会机动车通行的地方，包括广场、公共停车场等用于公众通行的场所。本案发生地点为公共停车场内，符合法律确定的"交通道路"，故而本案发生的事故属于交通事故。

依据《机动车交通事故责任强制保险条例》（以下简称《交强险条例》）第二十一条的规定，被保险机动车发生道路交通事故造成本车人员、被保险人以外的受害人人身伤亡、财产损失的，由保险公司依法在机动车交通事故责任强制保险责任限额范围内予以赔偿。那么是否意味着只有发生了交通事故保险公司才承担保险责任？依据《交强险条例》

看了就能懂的
法律常识
道路交通
KANLE JIU NENG DONG DE
FALÜ CHANGSHI
DAOLU JIAOTONG

第四十三条规定："机动车在道路以外的地方通行时发生事故，造成人身伤亡、财产损失的赔偿，比照适用本条例。"本案中，该车辆是在自行滑行过程中造成的事故。因此，即使本案未被定性为交通事故，保险公司也应参照交通事故来承担赔偿责任。

[案例拓展]

　　车辆事故较为常见，发生类型也多种多样，区分事故的不同类型尤其是认定交通事故，对于责任的划分和法律法规的适用非常重要。那么应如何判断某一事故是否为交通事故呢？判断某一事故为交通事故，必须具备五个要素。第一，车辆要素。构成交通事故必须具备车辆要素，没有车辆就不构成交通事故。当然，车辆包含机动车和非机动车两种。第二，道路要素。道路是指公路、城市道路和虽在单位管辖范围但允许社会机动车通行的地方，包括广场、公共停车场等用于公众通行的场所。第三，时间要素。若要构成交通事故，就必须发生在车辆运动中。若车辆处于完全停止状态，行人主动去碰撞车辆或乘车人上下车的过程中发生的挤、摔、伤亡的事故，则不属于交通事故。第四，事态要素。构成交通事故必须有碰撞、碾压、剐蹭、翻车、坠江、爆炸、失火等现象发生。第五，结果要素。构成交通事故必须有损害后果的发生。此损害后果仅指直接的损害后果（如交通事故造成手机、电脑等物品损坏，对于没有预见可能性的内属信息资料丢失等不为损害后果），且是物质损失，包括人身伤亡和财产损失。某一事故须完全具备上述五要素才可以认定为交通事故，缺一不可。此外，交警出具的《道路交通事故证明》也是判定交通事故及处理后续事宜的重要依据。

　　如今，汽车作为个人或者家庭出行的代步工具越来越普遍，随之而来的便是在使用过程中出现的诸多风险。为了转嫁汽车带来的风险，人们纷纷购入保险，由保险公司代为承担风险。一般来说，被保险车辆发生交通事故后，保险公司便会代替车主承担赔偿责任。如果车辆发生事故而没有被认定为交通事故，保险公司还会进行赔偿吗？要弄清楚这个问题，首先应该确定车主为车辆购入的保险是何种类型的保险。一般而言，车主所购买的保险主要包括交强险和商业险。就交强险而言，其全称是"机动车交通事故责任强制保险"。交强险的理赔原则上是要以发生交通事故为前提条件的，非交通事故交强险不理赔。但是，《交强险条例》第四十三条规定："机动车在道路以外的地方通行时发生事故，造成人身伤亡、财产损失的赔偿，比照适用本条例。"因此在特定情形下，在非道路上通行时发生事故，交强险也应当理赔。就商业险而言，其与交强险理赔原则不同。商业险的理赔原则是基于投保人和保险人之间合同的约定，不以发生道路交通事故为前提。例如，商业三者险的保险条款是这样规定的：在保险期间内，被保险人或者其允许的合法驾驶人在使用保险车辆过程中发生意外事故，致使第三者遭受人身伤亡和财产的直接损毁，依法应由被保险人承担经济赔偿责任。保险条款所强调的是在使用保险车辆的过程中发生的意外事故，只要驾驶人不是故意的，保险公司就要基于合同的约定承担赔偿责任。

问题2：
《道路交通事故认定书》在交通事故中扮演怎样的"角色"？

[案例]

2018年2月2日，林某驾驶车牌号为粤XXXXXX的重型半挂牵引车，沿省道由西向东方向行驶，行驶至某路段时与横穿道路的行人张某发生碰撞，造成张某死亡及车辆损坏的交通事故。事故发生后，某市公安局交通警察支队即刻到达案发现场进行调查，经调查后出具《道路交通事故认定书》，林某与张某承担事故的同等责任。双方当事人不服某市公安局交通警察支队出具的《道路交通事故认定书》上的事故认定，申请复核。经上一级交警部门复核后，仍维持原道路交通事故认定。现双方当事人就该事故的责任承担问题存有争议，向人民法院提起诉讼。

经审理，一审、二审、再审法院均认定了某市公安局交通警察大队出具的《道路交通事故认定书》的法律效力，但就交通事故造成损失扣除交强险后的赔偿责任比例问题，一审、二审法院主张机动车一方承担

看了就能懂的
法律常识
道路交通
KANLE JIU NENG DONG DE
FALÜ CHANGSHI
DAOLU JIAOTONG

50%赔偿责任，再审法院主张机动车一方承担60%的赔偿责任。

[**法律问题**]

　　1. 本案中《道路交通事故认定书》在法院审理判决过程中发挥什么样的作用？

　　2. 机动车一方应承担多少比例的赔偿责任？

[**法律分析**]

　　《道路交通事故认定书》是公安交通管理部门依照交通法规对交通事故当事人有无违法行为，以及对违法行为与交通事故损害后果之间的因果关系进行定性、定量评断时所形成的文书材料，其目的是分清事故责任，依照道路交通法律法规和其他规定对肇事者做出正确恰当的处分。《道路交通事故认定书》在诉讼中属于证据材料。依据2022年4月10日起施行的《最高人民法院关于适用〈中华人民共和国民事诉讼法〉的解释》（以下简称《民事诉讼法司法解释》）第一百一十四条规定："国家机关或者其他依法具有社会管理职能的组织，在其职权范围内制作的文书所记载的事项推定为真实，但有相反证据足以推翻的除外。"本案中，《道路交通事故认定书》是某市公安局交通警察支队依职权制作的文书材料，除有相反证据足以推翻外，在法院审理判决过程中推定为真实，具有法律效力。

　　发生交通事故必然造成损失，该损失应由谁来承担赔偿责任呢？依据《道路交通安全法》第七十六条第一款规定："机动车发生交通事故造成人身伤亡、财产损失的，由保险公司在机动车第三者责任强制保险责任限额范围内予以赔偿；不足的部分，按照下列规定承担赔偿责任：（一）机动车之间发生交通事故的，由有过错的一方承担赔偿责任；双方都有过错的，按照各自过错的比例分担责任。（二）机动车与非机动车驾驶人、行人之间发生交通事故，非机动车驾驶人、行人没有过错的，由机动车一方承担赔偿责任；有证据证明非机动车驾驶人、行人有过错的，根据过错程度适当减轻机动车一方的赔偿责任；机动车一方没有过错的，承担不超过百分之十的赔偿责任。"本案中的《道路交通事故认定书》认定行人张某与机动车驾驶人林某就本次事故负同等责任，因此对于损害后果的发生，受害人张某存在过错，应根据过错程度适当减轻机动车一方的赔偿责任。就本案中机动车一方应承担多少比例的赔偿责任问题而言，在受害人张某存在过错的情形下，依据法律规定应"适当减轻"机动车一方的赔偿责任，而非按照各自过错的比例分担责任。因此，即使受害人张某对事故负同等责任，机动车一方也应承担60%的赔偿责任，而非仅承担50%的赔偿责任。

[案例拓展]

当交通事故发生后，除救助伤者外，应及时拨打122交通事故报警电话，交通警察会即刻到达事故现场处理交通事故。经勘验、检查现场后，依据《道路交通事故处理程序规定》第六十二条规定，公安机关交通管理部门应当自现场调查之日起十日内制作道路交通事故认定书。交通肇事逃逸案件在查获交通肇事车辆和驾驶人后十日内制作道路交通事故认定书。对需要进行检验、鉴定的，应当在检验报告、鉴定意见确定之日起五日内制作道路交通事故认定书。而后依据《道路交通事故处理程序规定》第六十五条规定，道路交通事故认定书应当在制作后三日内分别送达当事人，并告知申请复核、调解和提起民事诉讼的权利、期限。当事人收到道路交通事故认定书后，可以查阅、复制、摘录公安机关交通管理部门处理道路交通事故的证据材料。如果当事人对《道路交通事故认定书》有异议，依照《道路交通事故处理程序规定》第七十一条规定，可以自道路交通事故认定书或者道路交通事故证明送达之日起三日内提出书面复核申请。当事人逾期提交复核申请的，不予受理，并书面通知申请人。复核申请应当载明复核请求及其理由和主要证据。同一事故的复核以一次为限。如果上级交警部门维持《道路交通事故认定书》的判断，当事人仍然不服的，可以在诉讼过程中向法庭提出自己对事故认定有异议，通过取证、举证和质证阐明理由，请法庭对其进行审查，由法庭对交通事故认定予以质证后决定是否采信这项证据。

机动车与机动车之间发生交通事故时，赔偿责任应如何划分呢？首先，就第三者责任强制保险赔偿限额内的损失，依据《道路交通安全法》第七十六条第一款规定，无须考虑被保险人是否有过错的问题，均由保险公司在机动车第三者责任强制保险限额范围内予以赔偿。如果车辆没有购买第三者责任强制保险，则第三者责任强制保险赔偿限额内的损失，无须考虑被保险人是否有过错的问题，由机动车驾驶人承担责任。其次，就第三者责任强制保险赔偿限额范围外的损失，机动车之间发生交通事故的，适用过错责任原则。对于是否有"过错"的认定，依据其是否违反道路交通安全法律法规及相关规则对其有无过错、过错大小进行判断，《道路交通事故认定书》就是法院判断双方当事人有无过错以及过错大小的重要依据。如果双方当事人在事故发生时并未报警，事故并无公安机关的交通事故认定书，或者在事故发生后出于种种原因公安机关交通管理部门无法查明相关事实并做出责任认定，双方当事人产生纠纷诉讼至法院，此时如果对于双方当事人过错的认定无法依靠《道路交通事故认定书》来判断，法院就需要通过双方的举证来查明事实，并综合考虑双方对道路交通注意义务的轻重、机动车危险性大小以及双方回避危险的能力优劣等因素，根据过错责任原则对各方当事人的责任做出认定。

　　机动车与非机动车、行人之间发生交通事故时，赔偿责任应如何划分？机动车与非机动车、行人之间发生交通事故的，就第三者责任强制保险赔偿限额内的损失，保险公司对第三人承担赔偿责任。就第三者责任强制保险范围外的损失，依据《道路交通安全法》第七十六条第一款第二项规定，机动车与非机动车驾驶人、行人之间发生交通事故，非机动车驾驶人、行人没有过错的，由机动车一方承担赔偿责任；有证据证明非机动车驾驶人、行人有过错的，根据过错程度适当减轻机动车一方的赔偿责任；机动车一方没有过错的，承担不超过百分之十的赔偿责任，即适用无过错责任原则。无过错责任原则仅仅是在认定侵权成立与否时不考虑受害人是否有过错，而非在赔偿范围的确定时也不考虑受害人的过错。依据法律规定，机动车与非机动车、行人发生事故，除特定情形外，机动车一方均为承担赔偿责任方，其赔偿责任的大小依据非机动车驾驶人、行人方是否有过错来"减轻"责任，即使机动车一方没有过错也要承担不超过百分之十的赔偿责任。但是，依据《道路交通安全法》第七十六条第二款规定，交通事故的损失是由非机动车驾驶人、行人故意碰撞机动车造成的，机动车一方不承担赔偿责任。该条款在机动车一方存在重大过失以上情形时不能适用。

问题3：
多车连环相撞交通事故的责任该如何划分？

[案例]

2017年2月2日5时15分许，张某乙驾驶车辆行驶至京哈高速北京方向某路段时，在第二车道与孙某驾驶的车辆追尾相撞。随后，刘某驾驶车辆行至该处，与张某乙车辆尾随相撞，致使张某乙车辆又与孙某车辆相撞，后张某乙车辆停于中间车道。2月2日5时24分，张某甲驾驶车辆行至该处，与张某乙车辆相撞，后张某甲车辆又与同向护栏相剐蹭。2月2日5时33分许，马某驾驶车辆行至该处，又与张某乙车辆相撞。2月2日5时36分许，张某骁驾驶车辆行驶至该处，与马某车辆相撞，致使马某车辆又与张某乙车辆相剐蹭，随后张某骁车辆与同向护栏相剐蹭。本次交通事故造成驾驶员马某死亡（胸廓塌陷致机械性窒息死亡）、乘车人方某东、韩某丽、方某明、方某栋受伤；驾驶员张某乙、乘车人王某、高某兰、张某衿受伤；乘车人赵某兰、薛某、孙某禹受伤；乘车人李某娜受伤；驾驶员张某骁、乘车人何某受伤；车辆及部分路产受损。

看了就能懂的
法律常识
道路交通
KANLE JIU NENG DONG DE
FALÜ CHANGSHI
DAOLU JIAOTONG

事发时道路情况为：高速路下有浓烟飘至高速路面上，能见度低，道路通行情况正常。

2017年3月10日，某省公安厅高速公路交通警察总队某支队出具《道路交通事故认定书》，认定：张某乙、孙某事故中，张某乙驾驶机动车未按操作规范确保安全驾驶，由张某乙承担全部责任，孙某不承担责任；刘某、张某乙、孙某事故中，刘某驾驶机动车未按操作规范确保安全驾驶，由刘某承担全部责任，张某乙、孙某不承担责任；张某甲、刘某、张某乙、孙某事故中，张某甲驾驶机动车未按操作规范确保安全驾驶，刘某、张某乙、孙某驾驶机动车在高速公路上发生事故后未按规定设置警告标志，由张某甲承担同等责任，由刘某、张某乙、孙某承担同等责任；马某、张某甲、刘某、张某乙、孙某事故中，马某驾驶机动车未按照操作规范确保安全驾驶，张某甲、刘某、张某乙、孙某驾驶机动车在高速公路上发生事故后未按规定设置警告标志，由马某承担同等责任，由张某甲、刘某、张某乙、孙某共同承担同等责任；张某骁、马某、张某甲、刘某、张某乙、孙某事故中，张某骁驾驶机动车未按操作规范确保安全驾驶，马某、张某甲、刘某、张某乙、孙某驾驶机动车在高速公路上发生事故后未按规定设置警告标志，由张某骁承担同等责任，由马某、张某甲、刘某、张某乙、孙某共同承担同等责任；薛某、孙某禹、赵某兰、高某兰、王某、张某衿、李某娜、方某东、韩某丽、方某明、方某栋、何某无违法行为，不承担责任。

因张某骁、刘某不认可事故责任并申请复核，2017年4月5日，某省公安厅高速公路交通警察总队出具交通事故认定复核结论，维持原先做出的道路交通事故责任认定。

经审理，一审法院认定马某的死亡与第四、第五次撞击均存在因果关系，认可公安交通管理部门在其做出的《道路交通事故认定书》中已详细分析的各方主体的过错及其责任程度，但经法庭审理查明公安交通管理部门所做出的责任认定未能考虑驾驶人以外的因素，而引发此次交通事故的原因在于某服务区管理的垃圾存放点自燃，某服务区作为管理者未尽到必要的管理及注意义务，在本次事故的发生中存在严重过错，应承担本次事故的主要责任。某服务区不服，提起上诉。二审法院经审理，依法做出"驳回上诉，维持原判"的判决。

[法律问题]

1. 本案中，《道路交通事故认定书》的法律效力如何？
2. 本次多车连环撞击的责任应如何认定？

[法律分析]

关于《道路交通事故认定书》的法律效力问题，本案中，法院经调查认为，对于此次交通事故，各车驾驶人均未尽到安全驾驶义务，是事故发生的一方面原因，对此应承担相应的责任；某服务区管理的垃圾存放点自燃是事故发生的另一原因，且可以认定为事故发生的主要原因。交管部门做出的事故认定书是对车辆驾驶人这一主体在每次撞击中的责任进行分析和判断，有其合理性。但本案的特殊性在于，"高速浓烟"这一驾驶人责任以外的因素对于道路的正常通行造成了更为严重的影响，而交通事故责任认定书并未考虑这一因素，存在一定的局限性。依据《最高人民法院关于审理道路交通事故损害赔偿案件适用法律若干问题的解释》（以下简称《道路交通事故司法解释》）第二十四条规定，公安机关交通管理部门制作的交通事故认定书，人民法院应依法审查并确认其相应的证明力，但有相反证据推翻的除外。因此，法院根据事故现场照片、询问笔录、行车记录仪等材料进行综合判断，认定由某服务区承担事故的主要责任，其他驾驶人则根据交通事故认定书确定的责任比例承担次要责任。

关于多车连环撞击责任的认定问题，本次交通事故中，马某等人分别驾驶的六辆车共计发生五次撞击，第四、第五次撞击均与马某的死亡存在因果关系，但无法区分两次撞击的责任大小。根据《中华人民共和国民法典》（以下简称《民法典》）第一千一百七十二条的规定："二人以上分别实施侵权行为造成同一损害，能够确定责任大小的，各自承担相应的责任；难以确定责任大小的，平均承担责任。"故在此种情况下，法院认定第四、第五次撞击应分别承担同等责任。最终，法院根据各方当事人在马某死亡后果中的责任程度，酌定划分赔偿责任。

[案例拓展]

这次交通事故造成了一人死亡、十余人受伤、六车受损及部分路产受损的严重后果，给我们带来了极大的警示和教育作用。

关于连环追尾交通事故的责任认定，依据《道路交通事故处理程序规定》第六十条规定，公安机关交通管理部门应当根据当事人的行为对发生道路交通事故所起的作用以及过错的严重程度，确定当事人的责任。一方当事人的过错导致道路交通事故的，承担全部责任；两方或者两方以上当事人的过错导致发生道路交通事故的，根据其行为对事故发生的作用以及过错的严重程度，分别承担主要责任、同等责任和次要责任；各方均无过错导致道路交通事故的，属于交通意外事故的，各方均无责任。一方当事人故意造成道路交通事故的，他方无责任。例如，如果后车撞击行驶中的前车形成了追尾交通事故，后车就应承担全部责任；如果夜间前车没有尾灯，形成了追尾交通事故，前车就应承担事故次要责任，后车承担事故主要责任；如果前车在道路上停车后未按规定开启危险报警闪光灯和设置警示标志，形成了追尾交通事故，前车就应承担事故的次要责任，后车承担事故主要责任；如果前车在道路上停车后按规定开启了危险报警闪光灯并设置了警示标志，形成了追尾交通事故，后车就应承担事故的全部责任；如果前车超长停车且未按规定设置明显警示标志，形成了追尾交通事故，前车就应承担事故次要责任，后车承担事故主要责任；如果前车倒车或溜车撞击后车形成了追尾交通事故，前车就应承担事故全部责任。

日常生活中，在道路上发生追尾事故时，车辆驾驶人应当立即停车，保护现场。同时，应当持续开启危险报警闪光灯，并在来车方向设置警告标志等措施并扩大警示距离。若未造成人身伤亡，当事人可自行协商处理损害赔偿事宜；若造成人身伤亡，车辆驾驶人应当立即抢救受伤人员，并迅速报告执勤的交通警察或者公安机关交通管理部门。

问题4：
无碰撞交通事故的责任该如何承担？

[案例]

2013年9月15日，方某骑着电瓶车靠右行驶，途经右侧为一堵墙的路段，突然一辆货车从方某的左侧超车，把方某夹在车与石墙的中间。由于缝隙过窄，等车过后，方某由于受惊吓失去控制，连人带车翻倒在地上。当时，货车驾驶员邱某看到了这一情况，短暂停留一会儿后就开车离开现场。事故发生后，方某因翻车导致尾骨骨折并住院治疗。经司法鉴定，方某的伤情已构成九级伤残。2014年5月，方某向法院提起诉讼，要求货车司机邱某和被告保险公司赔偿各项损失费用。交警经过现场勘查对比，发现两车没有明显的碰撞痕迹，认定双方承担同等责任。据此，被告保险公司对交通事故责任认定有异议，认为在两辆车没有发生碰撞的情况下，被告邱某在本次事故中不应承担责任，所以保险公司按照《交强险条例》，也不应承担赔偿责任。由于邱某的逃逸行为，保险公司在商业险保险范围内亦不承担责任。

经审理，一审法院认为，这起事故虽无证据证明双方发生过直接碰撞，但被告在超车时违反了文明驾驶的规定，即机动车在超越非机动车和行人时，要礼让非机动车和行人，在确保安全的情况下才能超车，未做到文明驾驶，遂判决货车驾驶员邱某承担本次交通事故的全部责任，被告保险公司在交强险范围内承担赔偿责任。被告保险公司不服，向上级法院提起上诉。二审法院经审理，依法做出"驳回上诉，维持原判"的终审判决。

[法律问题]

本案中，两辆车没有碰撞，是否属于交通事故？

[法律分析]

首先，有无碰撞并非判定事故是否构成交通事故的标准，根据《道路交通安全法》第一百一十九条的规定，"交通事故"是指车辆在道路上因过错或者意外造成的人身伤亡或财产损失的事件。"道路"是指公路、城市道路和虽在单位管辖范围但允许社会机动车通行的地方，包括广场、公共停车场等用于公众通行的场所。"车辆"是指机动车和非机动车。从定义可以看出，"交通事故"并没有强调必须"碰撞"，"碰撞"不是构成交通事故以及责任承担的前提条件。本案中，货车与电瓶车并没有发生碰撞，但是货车驾驶人邱某的不文明驾驶造成了电瓶车驾驶人方某的人身损害和财产损失。依据相关法律规定，本案属于交通事故。

　　两辆车没有碰撞而发生交通事故，该交通事故责任应如何认定及承担？从道路交通事故的构成要件上看，要求机动车处于运行状态、造成他人损害、损害和机动车之间存在因果关系；在机动车之间发生交通事故时，行为人过错是要件之一，而在机动车与非机动车、行人发生事故时，在一定比例范围内适用无过错责任，可不考虑行为人过错要件。从交通事故责任的构成要件来看，交通事故责任的认定及承担问题的判断重点应当为车辆驾驶行为与损害后果之间是否具备因果关系，因果关系要件成立，就应当认定为构成交通事故责任。本案中，货车处于运行状态且违反文明驾驶规定超越电瓶车驾驶人方某，间接导致方某尾骨骨折并住院治疗。货车与方某的人身、财产损害之间存在因果关系，故而本案中货车的驾驶人邱某应对本案的交通事故承担责任。

[案例拓展]

　　从本案例中反思借鉴，日常生活中我们判定事件是否属于交通事故不能凭借直观感觉，应首先从交通事故的定义出发，准确认定"交通事故"，包括对"道路""车辆"概念的正确理解。其次，在认定交通事故责任时，要从交通事故责任的构成要件上分析责任承担问题，重点在于分析损害后果与机动车之间是否存在因果关系，因机动车在运行状态下形成的危险而造成了他人损害，即可认定因果关系要件成立，从而应当认定构成交通事故责任。最后，要正确理解机动车处于"运行"状态。这里的"运行"不仅指机动车处于运动状态的各种情况，还包括虽然没有运动但是处于道路交通环境中，比如停靠于路边停车位或等待红灯暂时熄火，因为只有机动车处于运行状态才会对周围的车辆和行人造成危险。

　　在目前社会中，占道超车、未按规定让行、违停、乱用远光灯等这些违法行为看似是一些小问题，但它们却是导致无接触交通事故的几种最常见的违法行为。一旦这些违法行为成为交通事故发生的主要原因，无论车辆、行人、非机动车之间有无碰撞，都要承担相应的事故责任。因此，机动车驾驶人应当安全文明驾驶，唯有这样才可以避免无接触交通事故的发生。

问题5：
行政违法行为是否属于交通事故赔偿责任
中的"过错"？

[案例]

2016年7月4日，方某驾驶登记在其妻子郑某名下的A车自北向南行驶至有交通信号灯控制的交叉路口，与自东向西行驶的何某斯驾驶的登记在何某华名下的B车发生碰撞，造成两车损坏的交通事故。事故现场监控录像显示：何某斯在闯黄灯驶过交叉路口中心后车速略有放缓；方某驾驶车辆以较快速度进入交叉路口，未采取刹车，车头撞击何某斯驾驶的车辆右侧前半部位。事故发生后，方某因担心驾驶证被暂扣期间驾驶车辆被交警部门查获会被拘留，且方某误以为车损不大，便与何某斯当场达成口头和解协议，由方某承担事故全部责任，并以修理费押金的方式支付何某斯三万元人民币。双方均未报案，和解后自行撤离现场。2016年7月25日，交警部门出具《道路交通事故认定书》载明："因监控设备距离事故现场较远，无法确定双方驾驶员身份特征；因当事人自行协商后撤离现场，无法确定双方驾驶员是否有酒后驾驶机动车的违法行为。方某驾驶证状态为违法未处理超分、停止使用，何某斯驾驶证状态正常。A、B两车均在检验有效期内。"事后，郑某及其丈夫方某发现车损费用高达三十余万元，双方就赔偿事宜产生争议，于是郑某向人民法院提起诉讼，请求判令：1. 撤销方某与何某斯之间口头和解协议；2. 请求何某斯赔偿车辆损失费用共计32.52万元。

经审理，一审法院认为根据交警出具的《道路交通事故认定书》，结合查明的案情，口头和解协议构成重大误解应予以撤销，确定何某斯对涉案交通事故承担50%的责任。判决做出后，对B车承保的某保险公司不服向上级法院提起上诉。上级法院经审理，判决驳回上诉，维持原判。

[法律问题]

1. 本案中，方某与何某斯达成的口头协议的法律效力如何？

2. 在本案交通事故中，"闯黄灯"与"驾驶证被暂扣"的两种行为对赔偿责任的划分会产生什么样的影响？

[法律分析]

口头协议是指双方当事人以谈话、电话等口头形式对合同内容达成一致的协议。根据《民法典》第一百三十五条规定，民事法律行为可以采用书面形式、口头形式或者其他形式。即口头形式是合同形式的一种，符合《民法典》第一百四十三条规定，具备法律效力。但是合同也会存在无效和效力待定两种情形。依照《民法典》第一百四十七条规定："基于重大误解实施的民事法律行为，行为人有权请求人民法院或者仲裁机构予以撤销。"重大误解是指行为人因对行为的性质，对方当事人，标的物的品种、规格、数量、质量等的错误认识，使行为后果与自己的意思相悖，并造成较大损失。本案中，方某与何某斯就事故责任承担问题达成口头和解协议，但是基于当时情形下方某对其车辆损坏情况并不了解，误以为自己车辆的损失不大，事后发现车损费用达三十余万元，故存在对车损程度的误解，符合《民法典》第一百四十七条规定的重大误解，可以请求人民法院予以撤销。

"闯黄灯"是指在黄灯亮起期间，驾驶车辆进入设有信号灯的交叉路口。根据《道路交通安全法》第二十六条的规定，交通信号灯由红灯、绿灯、黄灯组成。红灯表示禁止通行，绿灯表示准许通行，黄灯表示警示。因此，黄灯只是表示警示而无禁止之意，所以"闯黄灯"不应当认定为行政违法行为。然而在"驾驶证被暂扣"期间驾驶车辆，是一种"失驾仍驾"行为。所谓"失驾"，主要是指当事人由于各种原因造成驾驶证被暂扣、注销、吊销，导致不具备合法驾驶机动车的资格。根据我国《道路交通安全法》的规定，证件暂扣期间驾驶机动车的行为是严重违反交通安全法的行为。但是根据《民法典》第一千一百六十五条规定："行为人因过错侵害他人民事权益造成损害的，应当承担侵权责任。"由此可知，违法性并非侵权责任构成要件以及行民责任区分的标准，不足以成为承担全部或者部分民事责任的理由。本案中，认定交通事故赔偿责任，所要求的过错应当是导致事故发生的过错。方某在驾驶证被暂扣期间驾车，是违反道路交通安全法的行为，但不是造成涉案事故的原因，故上述的行政违法行为不构成交通事故赔偿责任划分的影响因素。

[案例拓展]

在日常生活中，交叉路口发生交通事故的频率相当之高，设有红绿灯是规范交通秩序、减少发生交通事故的重要举措。在设有红绿灯的交叉路口，按照信号灯行驶是最基本的安全注意义务，但不是全部注意义务。在交叉路口，不当的行驶路线、行驶速度以及不当采取制动措施等都有可能导致事故的发生，因此保持车距、控制车速特别重要。关于车距、车速，《道路交通安全法》第四十四条的规定对于认定交叉路口发生交通事故的过错具有重要借鉴意义。交叉路口具有特殊性，分为"驶入"和"驶出"。对于驶入交叉路口的车辆，要求启动时不能太快以避免主动撞击；对于驶出交叉路口的车辆，要求驶离时不能太慢以避免被动撞击。总之，进入交叉路口车辆的"谨慎驾驶义务"，不仅包括车速不能太快，也包括车速不能太慢。"驶入时过快""驶出时过慢"均属于未履行"保持安全车速义务"的行为。

在发生道路交通事故时，按照一般朴素价值观的想法，人们都会认为谁有错谁来承担赔偿责任，但是这个过错的范围有点广，因为从法律规制看，并非任何过错都会成为承担某次交通事故赔偿责任的缘由，仅仅是与事故发生有因果关系的过错行为才能成为其承担交通事故赔偿责任的原因。因此，建议众多的驾驶人员在发生交通事故后，要理性处理，不要盲目认定交通事故的发生由自己造成，也不要为了逃避自己某些违法行为而想草草了事，否则可能会造成更大的损失。

众所周知，交通事故或多或少都是不文明的驾驶行为导致的。那么在发生交通事故后，民事责任和行政责任竞合时应如何承担责任呢？所谓民事责任和行政责任竞合，是指当民事主体的同一行为引发民事责任、行政责任甚至刑事责任时，会产生责任聚合。关于责任聚合的处置，根据《民法典》第一百八十七条的规定，民事主体因同一行为应当承担民事责任、行政责任和刑事责任的，承担行政责任或者刑事责任不影响承担民事责任。由于民事责任、行政责任和刑事责任的性质和功能不同，各有其发生依据和适用范围，因此应贯彻"并行不悖"的原则，分别独立承担责任。

问题6：
发生交通事故后民事责任、刑事责任、行政责任该如何承担？

[案例]

2019年6月22日10时许，杨某驾驶登记在李某名下的小型轿车，沿着某公路由南向北行驶至某路段左转弯时，与沿着该公路由北向南行驶的由王某驾驶的二轮摩托车发生事故，造成两车受损，被害人王某受伤，后经医院抢救无效于当日死亡。某市公安局交通警察支队出具《道路交通事故认定书》，认定杨某承担事故的主要责任。杨某在事故现场被公安机关抓获，归案后如实供述自己的交通肇事行为。被害人王某受伤后在某医院接受治疗，支付医疗费用人民币6611.97元，由杨某垫付；被害人死亡后，杨某向被害人家属支付丧葬费人民币3万元。杨某驾驶的、登记在李某名下的小型轿车在某财产保险股份有限公司投保了交强险、不计免赔商业三者险100万元，事故发生在保险期间。事故发生后，某区人民检察院提起刑事附带民事诉讼。

[法律问题]

本案中，杨某都应承担哪些责任？

[法律分析]

本案中，杨某应当承担相应的民事责任及刑事责任。首先，根据我国《中华人民共和国刑法》（以下简称《刑法》）第一百三十三条的规定："违反交通运输管理法规，因而发生重大事故，致人重伤、死亡或者使公私财产遭受重大损失的，处三年以下有期徒刑或者拘役；交通运输肇事后逃逸或者有其他特别恶劣情节的，处三年以上七年以下有期徒刑；因逃逸致人死亡的，处七年以上有期徒刑。"交通肇事罪致人重伤、死亡或者使公私财产遭受重大损失的是指具有下列情形之一的：1. 死亡1人或者重伤3人以上，负事故全部或者主要责任的；2. 死亡3人以上，负有事故同等责任的；3. 造成公共财产或者他人财产直接损失，负有事故全部或者主要责任，无能力赔偿数额在30万元以上的。本案中，杨某驾驶车辆发生交通事故造成王某死亡的严重后果，而且某市公安局交通警察部门的《道路交通事故认定书》中认定杨某对本次事故负有主要责任，本次交通事故中在责任认定及损害后果方面均符合《刑法》及其相关司法解释关于交通肇事罪的认定，故而杨某构成交通肇事罪。其次，根据《民法典》第一千一百六十五条的规定，行为人因为过错侵害他人民事权益造成损害的，应当承担侵权责任。本案中，杨某驾驶机动车发生交通事故造成王某死亡的严重后果，侵犯了王某及其近亲属的民事权益，应当向王某的近亲属依法承担相应的赔偿责任。

最后，根据《民法典》第一百八十七条的规定，"民事主体因同一行为应当承担民事责任、行政责任和刑事责任的，承担行政责任或者刑事责任不影响承担民事责任"。因此，杨某承担交通肇事罪后仍需向王某的近亲属承担民事赔偿责任，不能因承担刑事责任免除民事责任，也并不能因承担民事责任免除刑事责任。

[案例拓展]

在实践中，违反道路交通运输管理法规的行为，可能产生行政责任、民事责任或刑事责任。交通事故的行政责任是指事故当事人或者对交通事故负有防范、处理职责的单位和人员，因为其交通事故的侵害行为或者失职、渎职行为违反行政法律法规，构成道路交通安全违法行为、安全生产违法行为或者行政违法行为，而依法应承担的法律责任。交通事故民事责任也就是交通事故中一方当事人向另一方当事人承担的损害赔偿责任，它属于民事责任中的侵权责任，是指当事人在交通事故中违反法律法规的行为侵犯了他人的人身权、财产权依法承担的民事责任。交通事故的损害赔偿主要指对人员伤亡所造成经济损失的补偿和车辆损害、牲畜伤亡等直接经济损失民事责任的承担。交通事故的刑事责任判定依据我国《刑法》第一百三十三条规定，"违反交通运输管理法规，因而发生重大事故，致人重伤、死亡或者使公私财产遭受重大损失的，处三年以下有期徒刑或者拘役；交通运输肇事后逃逸或者有其他特别恶劣情节的，处三年以上七年以下有期徒刑；因逃逸致人死亡的，处七年以上有期徒刑"。造成交通事故的，轻者会构成交通肇事罪，重者有可能会构成故意伤害罪或者故意杀人罪，还有可能构成以危险方法危害公共安全罪。

出于行政管理的特殊需要，交通违法的行政责任非常宽泛，并不以发生道路交通事故为前提（比如根据《道路交通安全法》的规定，未发生任何交通事故，单纯因骑摩托车未佩戴安全头盔，驾驶机动车未按规定使用安全带，闯红灯，超载或超速行驶，违规停放机动车，不按规定车道行驶，未随身携带驾驶证、行驶证，未悬挂机动车号牌，未投保交强险等都属于行政违法行为，需要承担罚款等行政责任），但是承担民事责任、刑事责任则以发生道路交通事故为前提。当发生了道路交通事故，交警部门不能单纯依据行政违法行为来划分事故责任，必须依据承担民事责任、刑事责任的基础，即交通运输参与方对事故发生的过错程度来划分事故责任，而认定过错的前提要件是交通运输参与方的行为对事故的形成、损害的产生具有因果关系，不能将与事故的形成、损害的产生没有因果关系的单纯的行政违法行为作为划分事故责任的依据。依据承担民事、刑事责任的基础划分了事故责任后，仍然可以依据道路交通安全法律法规的规定，对单纯的行政违法行为做出行政处罚。

第二章
交通事故中责任主体的认定

看了就能懂的
法律常识
道路交通

KANLE JIU NENG DONG DE
FALÜ CHANGSHI
DAOLU JIAOTONG

问题1：
"系列"出借的机动车肇事，"首借人"应尽到什么义务？

[案例]

　　2017年7月4日，唐某因私事与杨某和彭某联系借车事宜。经商定，由彭某向秦某借车。秦某同意后，7月5日早上，彭某与杨某一同将从秦某处出借的小型轿车由彭某驾驶至指定地点后，交给唐某使用。该车辆的出借并没有办理任何手续，且该车辆登记在秦某名下。7月7日下午，唐某将该车交给杨某驾驶，杨某载唐某行驶至彭某所在地方接到彭某。当日16时56分左右，杨某驾驶该车由南往北方向行驶，遇受害人陈某驾驶的电动自行车由东往南左转行驶至路口中间时，该小型轿车车头右侧与电动自行车车头相撞，造成两车不同程度受损、陈某受伤的道路交通事故。事故发生后，彭某拨打120电话，救护车到达现场后，杨某与唐某护送陈某到医院抢救，彭某留在事故现场处理保险等事宜。杨某因无机动车驾驶证，彭某也无机动车驾驶证，杨某与彭某商量后找到陈某方。陈某方与唐某到达事故现场，彭某用陈某方的机动车驾驶证报了保险，并将陈某方的机动车驾驶证交由交警处理。当晚，杨某、彭某、陈某方等人一起商量由陈某方承认其系发生交通事故小轿车的驾驶人。受害人陈某经医院抢救无效，于2017年7月14日死亡。同年8月7日，交警大队出具《道路交通事故认定书》，认定杨某无机动车驾驶证驾驶小型轿车在行经交叉路口时，未减速行驶，遇情况操作不当，未按操作规范安全、文明驾驶，事发后未保护现场并迅速报警，而是弃车逃逸现场，其行为违反了《道路交通安全法》第十九条第一款、第七十条之规定，是导致此次道路交通事故的全部过错方，认定杨某承担此次道路交通事故的全部责任，陈某方不承担此次道路交通事故的责任。2017年8月11日，杨某因涉嫌交通肇事罪，同年8月28日，彭某、陈某方因涉嫌包庇罪，三人分别被人民检察院批准逮捕。2018年3月21日，杨某因犯交通肇事罪被人民法院判处有期徒刑一年六个月；彭某、陈某方因犯包庇罪被人民法院判处有期徒刑十个月、九个月，判决已经发生法律效力。但是，陈某因交通事故死亡后，双方协商赔偿事宜，未能达成协议。为此，陈某的近亲属提起诉讼，诉请赔偿。

经审理，一审法院根据《道路交通事故司法解释》第一条规定，认定彭某、唐某对本案交通事故发生有重大过错，对杨某侵权行为造成的损害，应当与杨某一同依法承担相应的赔偿责任。根据三人的过错程度，认定杨某承担50%的赔偿责任，彭某、唐某各承担20%的赔偿责任，其余10%的赔偿责任由车辆所有人秦某承担。车辆所有人秦某不服一审判决，向上级人民法院申请上诉。上级人民法院经审理，判决驳回上诉，维持原判。

[法律问题]

本案中，肇事车辆的所有人秦某作为"首借人"是否应对本次交通事故的赔偿承担责任？

[法律分析]

日常生活中，经常会遇到熟人借车的情况。车辆借出后如果发生交通事故，机动车所有人或者管理人是否应当承担赔偿责任？根据《道路交通事故司法解释》第一条的规定，取决于其对于损害的发生有无过错。《道路交通事故司法解释》第一条规定："机动车发生交通事故造成损害，机动车所有人或者管理人有下列情形之一，人民法院应当认定其对损害的发生有过错，并适用《民法典》第一千二百零九条的规定确定其相应的赔偿责任：（一）知道或应当知道机动车存在缺陷，且该缺陷是交通事故发生原因之一的；（二）知道或应当知道驾驶人无驾驶资格或者未取得相应驾驶资格的；（三）知道或应当知道驾驶人因饮酒、服用国家管制的精神药品或者麻醉药品，或者患有妨碍安全驾驶机动车的疾病等依法不能驾驶机动车的；（四）其他应当认定机动车所有人或者管理人有过错的。"本案中，机动车所有人秦某作为肇事车辆的"首借人"，将车辆出借给不具备驾驶资格的彭某，彭某将汽车开走后又转借给他人使用，他人使用的过程中发生了交通事故。也就是说，发生交通事故时的驾驶人并非无驾驶资格的借车人彭某，这种情形下由于"首借人"在出借车辆时未履行必要的注意义务，将车辆出借给无驾驶资格的彭某，才导致后面一系列出借行为的成立，对于交通事故的发生及造成损害存有过错，故而本案中肇事车辆的所有人秦某作为"首借人"应当对本次事故的赔偿承担责任。

[案例拓展]

面对"系列"出借的机动车肇事，人们通常会认为不是肇事车辆的驾驶人便不对交通事故负有赔偿责任，或者会认为无论何种情形都遵循"谁的车，谁负责"原则，但是根据相关法律法规的规定，这样的想法是片面的，并不是仅有机动车实际驾驶人需要负责，对车辆负有管理义务的人在出租、出借车辆时未尽到必要的注意义务，也应认定其对交通事故损害的发生负有过错，应当按照过错程度承担部分责任。同理，无论是所有人还是管理人，只要尽到了注意义务，便无须对损害的发生承担责任，但是也应当注意证据的保留，以证明自己尽到了合理的注意义务。

机动车所有人或者管理人负有注意义务的主要理由，是因为在租赁、借用等基于所有人或者管理人意思转移机动车占有、使用的情形下，虽然机动车所有人或者管理人不是机动车运行的实际控制人，但其在出租、出借时可以对使用人、驾驶人加以选择，因此，所有人或者管理人应当预见到机动车由他人驾驶可能会产生危险。在此情况下，所有人或者管理人负有必要的注意义务，如机动车的车况、使用人是否具备必要的驾驶能力等。从危险开启和危险来源的角度看，如果所有人或者管理人没有尽到必要的注意义务，则显然在一定程度上构成危险的来源，从而对交通事故的损害有过错，应承担部分赔偿责任。因此，无论是机动车所有人还是管理人，在出借车辆时，都应当给予更高的注意力，确保车辆状况符合安全驾驶的要求，确保车辆处于检验有效期内并依法投保，并认真、谨慎地对借用人的驾驶资格证进行合理审查，这样才能避免不必要的赔偿责任。

同时，"系列"交通事故的责任承担，除了肇事机动车的实际驾驶人负有赔偿责任外，也应当从"首借人"出发对所有负有管理义务的人逐个追究责任。只要在出借机动车时未尽到必要的注意义务，均需要按照过错责任的大小承担机动车交通事故的赔偿责任，无一例外。但是，如果出借时尽到了必要的注意义务，当发生交通事故时，无论是机动车的所有人还是对机动车负有管理义务的管理人，都对交通事故损害的发生没有危险性，因此也均无须对交通事故的损害承担赔偿责任。

问题2：
被盗车辆发生交通事故，被盗车辆所有人对于交通事故损害应当承担责任吗？

[案例]

2014年10月20日7时30分许，王某驾驶二轮电动车在行驶过程中与一辆由无名氏驾驶的普通二轮摩托车发生碰撞，造成两车受损、王某受伤的交通事故。事故发生后，普通二轮摩托车驾驶人弃车逃离现场，至今未抓获。普通二轮摩托车登记在王某云的名下，实际所有人系张某。经民警对现场遗留的普通二轮摩托车进行勘查，该车点火线接口有人为破坏的痕迹，在事故现场及摩托车上均未发现车辆钥匙，车辆有被盗嫌疑。2014年10月21日，张某到公安局派出所称其普通二轮摩托车被盗。经调查核实，派出所确认，该车系2014年10月20日停放在某地被盗。2014年11月25日，公安局交通警察大队出具《道路交通事故认定书》，认定应由无名氏承担该事故全部责任，王某不承担事故责任。无名氏驾驶的普通二轮摩托车未购买交强险。事故发生后，王某被送往医院接受治疗，经司法鉴定中心鉴定为十级伤残。王某出院后，就其人身及财产损失与普通二轮摩托车的登记所有人与实际所有人商量赔偿事宜。双方就赔偿事宜产生争议，王某向人民法院提起诉讼。

经审理，一审法院认为原告王某的损失应由盗窃人无名氏承担，被告王某云、张某对原告王某的损失不应承担赔偿责任。判决宣告后，原告王某不服判决提起上诉。二审法院经审理认为一审判决无事实和法律问题，判决驳回上诉，维持原判。

[法律问题]

本案中，被盗车辆所有人对于交通事故的损害赔偿是否应承担责任呢？

[法律分析]

被盗机动车发生交通事故造成的他人损害，被盗车辆所有人对于交通事故的损害无须承担赔偿责任，应由盗窃人承担赔偿责任。根据1999年7月3日实施的《最高人民法院关于被盗机动车辆肇事后由谁承担损害赔偿责任问题的批复》规定："使用盗窃的机动车肇事，造成被害人物质损失的，肇事人应当依法承担损害赔偿责任，被盗机动车辆的所有人不承担损害赔偿责任。"该批复明确了被盗车辆机动车交通事故的责任主体为使用被盗机动车辆的肇事人。后来，为进一步保护受害人的合法权益，确切厘清机动车所有人的责任问题，《民法典》第一千二百一十五条明确规定："盗窃、抢劫或者抢夺的机动车发生交通事故造成损害的，由盗窃人、抢劫人或者抢夺人承担赔偿责任。"本案中，王某与无名氏驾驶的普通二轮摩托发生交通事故，经公安机关勘查认定，普通二轮摩托系被盗车辆，根据相关法律法规的规定，对于本次交通事故给王某造成的物质损害，应由盗窃人承担赔偿责任，与普通二轮摩托车的登记所有人或者实际所有人之间没有因果关系，故而被盗车辆的所有人王某云无须承担原告王某主张的各项赔偿费用。

[案例拓展]

实践中，盗窃车辆发生交通事故的情形复杂多变。如果被盗车辆的驾驶人不是盗窃人时应如何承担责任呢？如果盗窃人将盗窃车辆卖了，买方驾驶机动车发生交通事故后又应如何承担责任呢？如果盗窃人驾驶机动车发生交通事故后逃逸，受害人的合法权益又应如何得到维护呢？

关于被盗车辆发生交通事故，车辆驾驶人不是盗窃人时，责任应如何承担的问题，根据《民法典》第一千二百一十五条的规定："盗窃人、抢劫人或者抢夺人与机动车使用人不是同一人，发生交通事故造成损害，属于该机动车一方责任的，由盗窃人、抢劫人或者抢夺人与机动车使用人承担连带责任。"因此，当被盗车辆发生交通事故时，盗窃者应该与发生交通事故时车辆使用人一起承担责任，而且是连带责任。何为连带责任呢？连带责任是指依照法律规定或者当事人约定，两个或者两个以上当事人对其共同债务全部承担或者部分承担，并能引起其内部债务关系的一种民事责任。换言之，在被盗车辆发生交通事故后，当盗窃人与使用人不为同一人时，盗窃人和使用人两人共同需要对交通事故的损害承担赔偿责任。这样既符合公平原则，也能更严厉地惩戒盗抢行为。

看了就能懂的
法律常识
道路交通
KANLE JIU NENG DONG DE
FALÜ CHANGSHI
DAOLU JIAOTONG

　　如果盗窃人将盗窃车辆卖了，买方驾驶机动车发生交通事故后又应如何承担责任呢？盗窃人将车辆卖给第三人后，依照特殊物权的变动规则，需要登记才能发生物权的变动。所以，如果车辆完成物权登记后发生交通事故，则需要第三人承担交通事故的损害赔偿责任；如果盗窃人买卖车辆未完成登记，此时发生交通事故，仍属于《民法典》第一千二百一十五条规定情形，由盗窃人与使用人共同承担交通事故的损害赔偿责任。

　　如果盗窃人驾驶机动车发生交通事故逃逸，为保证受害人获得及时救助，受害人的抢救费用应如何承担？根据相关法律法规的规定，被盗的机动车发生交通事故造成他人损害的，应当由盗窃人承担赔偿责任，但是如果盗窃人逃逸，受害人需要获得及时抢救时，根据《民法典》第一千二百一十五条、《交强险条例》第二十二条的规定，在机动车有承保公司的情况下，保险公司应在交强险限额范围内垫付抢救费用，并且有权向交通事故责任人追偿，鉴于被盗机动车所有人在盗窃情形下既未对机动车进行运行支配亦不享有运行利益，且其并不对被盗机动车交通事故的发生存在过错，故而所有人不应当承担垫付责任。在无保险公司承保交强险的情况下，可以适用《道路交通安全法》第七十五条的规定，由道路交通事故社会救助基金先行垫付抢救费用，而后向交通事故的责任人追偿。这样在面对盗窃车辆带来的交通事故后，一方面体现人道主义精神，保障了受害人接受紧急救助的权利；另一方面体现公平原则，由交通事故的责任人承担交通事故的赔偿责任，不会损害车辆的所有人及其保险公司的合法权益。

　　除此之外，我们还应当区分清楚未经允许驾驶机动车辆与机动车辆被盗两种情形。根据《民法典》第一千二百一十二条及一千二百一十五条规定，这两种情形的责任承担主体完全不同，未经允许驾驶他人机动车，发生交通事故造成损害的，属于该机动车一方责任的，由机动车使用人承担赔偿责任，机动车所有人、管理人对损害的发生有过错的，承担相应的赔偿责任；而盗窃机动车发生交通事故造成损害的，由盗窃人承担赔偿责任，盗窃人与机动车使用人不是同一人，发生交通事故造成损害，属于该机动车一方责任的，由盗窃人与机动车使用人承担连带责任。

那么在实践中应如何区分"未经允许驾驶机动车辆"和"机动车辆被盗"两种情形呢？首先，二者情形下的主观目的完全不同，未经允许驾驶他人机动车辆的主观目的在于非法占有车辆的使用权，其通常是利用车辆没有锁车、熄火、拔车钥匙的便利在附近驾驶车辆，且使用完车辆后有将车辆归还的主观意思；而盗窃车辆的主观目的在于非法占有车辆的所有权，盗窃人会尽快将车开走并远离所有人控制。其次，可以通过是否使用了实施盗窃的工具和技术、行为人与机动车所有人之间是否存在特定关系、是否采取报案等机动车被盗后的合理措施等多个方面综合判断属于何种情形。因此，作为机动车的所有人，应对机动车负有高度的注意义务，不仅在出借机动车时尽到必要的审查义务，更要在机动车被盗后及时采取措施挽救甚至是保护自己免受损失。

问题3:
车辆报废后未注销车辆相关材料,车辆所有人
或管理人可能承担什么责任?

[案例]

2015年8月16日12时30分许,毛某驾驶重型普通货车由南向北行驶至某路口进行左转弯时,迎面与杨某驾驶的无牌二轮摩托车碰撞,造成杨某及乘车人穆某受伤、车辆受损的道路交通事故。该事故经某公安局交通警察大队出具的《道路交通事故认定书》认定,毛某承担事故的主要责任,杨某承担事故的次要责任,穆某无责任。事故发生后,穆某住院医疗费及检查费合计36586.63元。经某司法鉴定所做出《司法鉴定意见书》认定,穆某伤残等级属九级伤残,附一项十级伤残。

经调查发现,杨某泉雇佣毛某驾驶杨某泉所有的肇事货车为其拉水泥和沙子,该货车已经达到报废标准,且所挂号牌为XXXXXXX,但是与挂靠在某运输公司的XXXXXXX号牌的重型普通货车不是同一辆,挂靠在某运输公司的XXXXXXX号牌重型普通货车已于2013年10月21

日在某车辆管理所办理了注销登记。某运输公司名下重型普通货车的机动车注销证明中已写明，机动车所有人因故未能交回机动车前号牌及后号牌、机动车行驶证、机动车登记证书。现各方主体因赔偿问题不能协商一致，穆某为维护其合法权益，就其损害赔偿问题向人民法院提起诉讼。经审理，一审法院判决杨某泉赔偿穆某医疗费、精神损害抚慰金等各项赔偿费用113258.18元。

一审判决做出后，穆某及杨某泉不服判决，提起上诉。穆某上诉请求对各项费用的具体数额进行重新核算，某运输公司承担连带责任；杨某泉上诉请求撤销责令其承担给付责任的一审判决，理由是杨某泉与毛某之间属于合同关系，而非雇佣关系，肇事车辆原车主是某运输公司，挂靠人另有他人，不能认定杨某泉是车主。上级法院经审理改判杨某泉赔偿穆某各项损失152176元、精神抚慰金2000元，某运输公司承担连带给付责任。

二审判决做出后，某运输公司不服又申请高院再审，高院指令二审法院再审。再审法院经审理认定，杨某泉所有的肇事车辆已经达到报废标准，是无法办理证照也不能上路行驶的车辆，杨某泉与某运输公司无视国家法律规定，套用号牌上路行驶，理应承担责任。

[法律问题]

1. 肇事车辆驾驶人毛某与肇事车辆所有人杨某泉之间应当属于何种法律关系？法律关系的定性对赔偿责任的承担有何种影响？

2. 某运输公司是否应当承担连带责任？

看了就能懂的
法律常识
道路交通
KANLE JIU NENG DONG DE
FALÜ CHANGSHI
DAOLU JIAOTONG

[法律分析]

　　肇事车辆驾驶人毛某与肇事车辆所有人杨某泉之间应该属于劳务关系，而非杨某泉主张的运输合同关系。首先，劳务关系是劳动者与用工者根据口头或者书面约定，由劳动者向用工者提供一次性的或者是特定的劳动服务，用工者依约向劳动者支付劳务报酬的一种有偿服务的法律关系，也是两个或两个平等主体之间通过劳务合同建立的一种民事权利义务关系。运输合同是指承运人将旅客或货物从起运点运输到约定地点，旅客、托运人或收货人支付票款或运输费用的合同，运输合同关系便是基于运输合同而形成的当事人之间的民事权利义务关系。其次，应如何区分平等主体间属于劳务关系还是运输合同关系？通常可以从下面三个方面来区分二者：1. 两者的标的不同。劳务关系的标的注重劳动者无形的劳务给付，以供给劳务本身为目的，偏重于劳动者出卖劳动力的行为。运输合同关系的标的物是货物或者旅客，其表现为物化的劳动成果，重在有形工作量的完成，以提供通过劳动产生的工作成果为目的。2. 两者取得报酬的方式不同。在劳务关系中，劳动者取得报酬的方式也比较固定，呈周期性，通常按劳动时间来计算报酬，一般是按星期或月来结算。在运输合同关系中，承运人获取的报酬是运费，纯粹是按物化的劳动成果来计算报酬，通常按趟次、运量来结算，且多为一次性付清。3. 两者主体之间的关系不同。在劳务关系中，接受劳务方有权对提供劳务方的劳务活动进行监督，提供劳务方要受接受劳务方的指示约束，双方之间存在着一种监督与被监督、管理与被管理的隶属关系，地位不平等的色彩较为强烈。在运输合同关系中，托运人无权对承运人的运送行为进行监督，托运人追求的结果是货物能够按期安全抵达，承运人只需按时运送、按地点运送以及安全运送至目的地即履行了合同义务，至于承运人采取何种运送方式、运送路线等，除托运人有特殊要求外，承运人有权自主选择。可见在运输合同关系中，双方主体的法律地位是平等的，并不存在任何隶属、服从关系。最后，在劳务关系中，根据《民法典》第一千一百九十二条规定，个人之间形成劳务关系，提供劳务方因劳务造成他人损害的，由接受劳务方承担侵权责任。在运输合同关系中，应参照《民法典》第八百二十三条的规定："承运人应当对运输过程中旅客的伤亡承担赔偿责任。"本案中，毛某作为肇事司机，是否需要承担责任的判断关键在于毛某与杨某泉之间属于何种法律关系。根据案情，毛某驾驶车辆为杨某泉所有，毛某为杨某泉雇佣的驾驶员，为其拉运水泥和沙子，因此，毛某与杨某泉之间应当属于劳务关系，毛某为提供劳务方，杨某泉为接受劳务方。故而本次交通事故的赔偿责任应由杨某泉承担。在毛某有故意或者重大过失的情况下，杨某泉可以向毛某追偿。

某运输公司需要对本次交通事故的赔偿责任承担连带责任。根据《机动车强制报废标准规定》，国家对达到报废标准的机动车实施强制报废，符合强制报废情形的机动车，其所有人应当将机动车交有关部门回收拆解，并应当将报废机动车登记证书、号牌、行驶证交公安机关交通管理部门注销。某运输公司的XXXXXXX号牌重型普通货车已被注销，却未将机动车号牌、行驶证等交公安机关交通管理部门注销。未交回期间，某运输公司负有管理责任。根据《道路交通事故司法解释》第三条规定，套牌机动车发生交通事故造成损害的，属于该机动车一方责任，当事人请求由套牌机动车的所有人或者管理人承担赔偿责任的，人民法院应予支持；被套牌机动车所有人或者管理人同意套牌的，应当与套牌

看了就能懂的
法律常识
道路交通
KANLE JIU NENG DONG DE
FALÜ CHANGSHI
DAOLU JIAOTONG

机动车所有人或者管理人承担连带责任。杨某泉所有的肇事车辆套用XXXXXXX的号牌，系套牌机动车。某运输公司既不能对未将注销机动车号牌及行驶证等交回公安机关交通管理部门的行为予以合理说明，又不能举证证明杨某泉系未经某运输公司同意套用XXXXXXX号牌，且某运输公司在再审申请中自述肇事车辆借用了XXXXXXX号牌。故而某运输公司应当对穆某的各项损失费用与杨某泉一同承担连带责任。

[案例拓展]

通常所说的车辆套牌就是贴标签，即套用别人的车牌置于自己的车辆上。我国套牌车目前分为两种：一种是从国外走私零部件七拼八凑而来的车子，甚至有些走私车并非出自正规车辆制造商，而是由他人二手改装后的车辆，其质量具有严重的缺损；另一种在国内很常见，即国内的套牌行为，俗称为"黑车"，这些车辆往往通过不法手段获取，其安全性等相关问题无从保障。

现在有些车主缺乏法律意识，贪图一时的小便宜，为了逃避车辆所需上缴的相关费用，或者是为了逃避发生交通事故受到的处罚，选择铤而走险，进行套牌车的交易，这在法律上属于违法行为。目前，我国对于套牌车是全面禁止的，根据我国《道路交通安全法》的相关规定，不允许套牌车在市场上流通，如果相关人员驾驶套牌车，将会受到2000元的罚款，同时扣留车辆，对造成严重后果的人员，还会追究其法律责任。驾驶套牌车不仅自己的安全得不到保障，而且会面临法律的制裁，最终会因为贪图小便宜而吃大亏。此外，因为套牌车套用的是别人的相关牌照，这往往会使得驾驶人得意忘形，甚至有闯红灯、轧黄线等违反交通法律法规的行为，极易酿成大祸，最终害人害己。

　　那么应如何防止车辆被套牌或者车牌被套用呢？在日常生活中，人们可以通过以下几点来进行预防。首先，车主们要时刻警惕，提高自我防范意识，对于自己车辆的相关信息要严格保密，不要随随便便泄露给他人。其次，车主们在日常生活中要多留意，平时生活中要保留相关车辆信息的证据，证明自己的车辆以及个人活动情况，比如常见的停车场的小票。另外，一定要通过其他手段来协助自己掌握车辆信息，比如开通短信提醒功能以及利用互联网进行监控，等等。最后，要严格按照《机动车强制报废标准的规定》处理报废的机动车号牌、行驶证等相关资料，如有特殊情形应向有关部门说明情况，且机动车号牌所有人或者管理人要注意保留能够证明自己没有同意套牌车辆使用牌照的相关证据，以维护自己的合法权益。如果日常生活中发现自己的车辆被套牌或者发现套牌车辆，就应及时向有关部门申诉或者举报。唯有这样才能维护自己的合法权益，营造良好的交通环境。

问题4：
机动车连环购车发生交通事故，原车主应该
承担赔偿责任吗？

[案例]

2013年6月13日，在某高速路段上，谭某驾驶车辆与王某驾驶车辆相撞，两车损坏，谭某驾驶车辆的乘车人高某受伤。某公安局交警部门出具《道路交通事故认定书》，认定此次事故中王某承担全部责任，谭某无责任。谭某驾驶车辆的所有人系某服装有限公司，该车在此次事故后被送去某汽车销售公司维修，经修理共计花费295773.02元（其中零件费252066.69元，工时费43706.33元）。王某驾驶车辆的所有人是某市市政工程管理处，该车没有投保交强险及商业三者险。事故发生后，王某已经交付车辆修理费用5000元，其余损失至今未予以赔偿。于是，某服装公司便向人民法院提起上诉，请求某市市政工程管理处和王某对其损失承担连带赔偿责任。王某主张其对事故发生的事实没有异议，同意承担事故责任，事故发生后一直没有赔偿的原因是车损过高，双方报

价相差很大。另外，肇事车辆系王某从其他个人处购买，没有办理过户。某市市政工程管理处则辩称：肇事车辆原属于我处所有，但是在2006年11月7日，已经通过我方下属单位某市市政工程建设总公司将该车抵债给周某。故肇事车辆已不是我处所有，我处不属于本案当事人；本案肇事车辆属于连环购车，已经实际交付，应由车辆持有人承担赔偿责任。

经审理，一审法院认定了某市市政工程管理处提交的《汽车抵债协议》效力并认定本案系连环购车，故而判决原车主某市市政工程管理处不应当对本次交通事故致损承担责任。判决做出后，某服装公司不服，向上级人民法院提起上诉。上级人民法院经审理也认定本案属于连环购车且某市市政工程管理处无须对本次交通事故致损承担责任。

[法律问题]

1. 如何认定机动车买卖属于连环购车？
2. 机动车连环购车后发生交通事故，原车主是否应承担责任？

[法律分析]

对连环购车行为性质的认定是决定原车主是否承担致人损害责任的前提。那么，什么是连环购车呢？旧机动车买卖两次以上而不过户的行为，称为连环购车。连环购车行为的认定应满足三个条件：1. 在整个车辆转让买卖过程中，没有变更登记，仅有交付车辆的行为；2. 出卖人不是汽车生产销售公司，而是普通自然人或者二手交易公司；3. 该车辆买

看了就能懂的
法律常识
道路交通

KANLE JIU NENG DONG DE
FA LÜ CHANGSHI
DAOLU JIAOTONG

卖两次及以上。满足上述三个条件的车辆买卖行为便属于法律规定中的连环购车。

机动车连环购车，因为未办理转移登记手续，发生交通事故后，受害人为使自己的合法权益最大可能得到维护，在发生争议的情况下，便会向人民法院起诉与肇事车辆相关的所有人。机动车作为特殊动产，其转移交付后，原车主是否还需要承担责任？根据《民法典》第二百二十四条、第二百二十五条规定，动产物权的设立和转让，自交付时发生效力，但是法律另有规定的除外；船舶、航空器和机动车等物权的设立、变更、转让和消灭，未经登记，不得对抗善意第三人。由此可见，机动车作为动产，一旦交付，其物权即发生转变，该机动车的管理、支配以及收益的权利均不归于原所有人。因此，一旦机动车发生交通事故造成他人损害，因原所有人对机动车发生交通事故不具有防范与控制的能力，故交通事故的赔偿责任主体只能是机动车的实际所有人。机动车未经变更登记，不得对抗善意第三人。善意第三人是指希望获得动产所有权的第三人，并不包括侵权责任法律关系中的被侵权人，故对于交通事故中的侵权责任则没有约束力。其次，根据《民法典》第一千二百一十条规定，当事人之间已经以买卖或者其他方式转让并交付机动车但是未办理登记，发生交通事故造成损害，属于该机动车一方责任的，由受让人承担赔偿责任。因此，在连环购车后发生交通事故原则上原车主不承担赔偿责任，但是根据《民法典》第一千二百一十四条规定，以买卖或者其他方式转让拼装或者已经达到报废标准的机动车，发生交通事故造成损害的，由转让人和受让人承担连带责任。因此，如连环购车的原车主买卖转让的机动车是拼装或者已经达到报废标准的机动车，那么发生交通事故造成损害后，应当由原车主和受让人承担连带责任。

[案例拓展]

本案涉及机动车连环购车发生交通事故以后责任承担的问题。根据《道路交通安全法》第十二条第一项规定，机动车所有权发生转移的，应当办理相应的登记。现实生活中，机动车买卖之后为节省税费不办理转移登记的现象时有发生，甚至少数买卖双方串通故意不办理转移登记，以谋求某些非法利益。在登记人与所有权人分离的情形下，若发生交通事故，相关责任划分应采取如下思路：第一，一般情形下，机动车转让并交付以后，发生交通事故应认定受让人为责任人。第二，在司法实践中，有些机动车肇事者在案件发生后，采取虚假的合同将机动车转让给无赔偿能力的他人，造成受害者最终不能得到救济的局面。此种情形下，根据2021年新修订的《道路交通事故司法解释》第二条的规定："被多次转让但是未办理登记的机动车发生交通事故造成损害，属于该机动车一方责任，当事人请求由最后一次转让并交付的受让人承担赔偿责任的，人民法院应予支持"。

站在当事人角度来看，在发生交通事故并引发纠纷时，自我救济往往是通过各种手段寻找与肇事车辆相关的人，并将这些相关人作为被告诉至人民法院。机动车交通事故责任纠纷案件的处理，本身是通过法律适用找准侵权责任主体并划分责任份额的过程。在我国，商品经济的发展促进了物的流通，并加速了物权的更替。在物的种类中，动产的物权一般遵循的是物权交付主义原则，即一旦交付随即就发生物权的转移。机动车作为一种特殊种类的动产，当然适用物权交付主义，但特殊之处体现在机动车的注册、变更、抵押、注销等需要在法定机构履行特定的登记程序上。在交付与登记相分离的情形下，公众往往不能第一时间辨别机动车的所有人，这会对找准交通事故的责任主体产生影响。对事故受害者而言，其在维权起诉时应当允许事故受害人一并起诉前手所有人。

问题5：

"借名买车"发生交通事故，责任谁来承担？

[案例]

2014年1月24日16时31分许，肖某驾驶小型轿车行驶至某地段时，违反右侧通行原则，将车辆驶入左侧车道，正面碰撞陈某驾驶的小型轿车（杨某、张某乘坐该车），造成两车损坏，陈某当场死亡，肖某、杨某、张某受伤的后果。本起交通事故经某市公安局交通警察支队认定，肖某负本起事故的全部责任，陈某、杨某、张某无责任。2014年9月4日，被告肖某犯交通肇事罪，被判处有期徒刑一年二个月。双方因赔偿协商不成，向人民法院提起诉讼。案件审理过程中另查明，肖某驾驶的小型轿车系借雷某名义购买，各方就雷某是否需要对原告因事故造成的损失承担赔偿责任产生争议。

法院经审理，根据被告提供的协议书、说明、维修工单、某物业有限公司出具的证明、收款收据等证据，及法院依法调查的询问笔录，可证实被告人雷某将信用卡借给被告人肖某购买小型轿车，该车实际由被

看了就能懂的
法律常识
道路交通
KANLE JIU NENG DONG DE
FALÜ CHANGSHI
DAOLU JIAOTONG

告人肖某管理、使用，其为车辆实际控制人。被告人雷某将信用卡出借给被告人肖某购买车辆的行为与本起交通事故的发生没有因果关系，不存在过错，故被告雷某在本案中不承担赔偿责任。

[法律问题]

本案中，"名义车主"雷某是否需要就本起交通事故产生的赔偿问题承担责任？

[法律分析]

"借名买车"发生交通事故，名义车主无须承担责任。根据《公安部关于确定机动车所有权问题的复函》之规定，公安机关办理的机动车登记，是准予或者不准予机动车上道路行驶的登记，不是机动车所有权登记。为了交通管理工作的需要，公安机关车辆管理所在办理车辆牌照时，凭购车发票或者人民法院判决、裁定、调解的法律文书等机动车来历凭证确认机动车的车主。因此，公安机关登记的车主不宜作为判别机动车所有权的依据，车辆所有权的判断应综合出资、使用、管理等情况综合认定谁是实际车主。名义车主因对车辆没有实际控制权，也没有从车辆的营运中获得利益，在法理学上与借用车辆这一情形类似，在名义车主无《道路交通事故司法解释》第一条规定的过错情形时，无须对交通事故产生的损失承担赔偿责任。本案中，被告人雷某将其信用卡出借给被告人肖某购买车辆，购买该车辆的资金以及该车辆的使用管理均由被告人肖某负责，与被告人雷某没有任何关联，故而肇事车辆雷某仅为名义车主，肖某才为实际车主。被告人雷某并无法律规定之过错情节，因此，肖某作为肇事车辆的驾驶人及实际所有人，应在机动车强制保险责任不足以赔偿损失时承担赔偿责任。名义车主雷某因与交通事故的发生没有因果关系，在本案中无须承担赔偿责任。

[案例拓展]

借名买车中，借名人（即实际使用人）对其因交通事故致人损害的行为难逃其责，而被借名人（即名义车主）在有过错的情况下也需要承担赔偿责任。这意味着，将购车指标出借给他人购买车辆潜藏着一定的风险，借名人与被借名人双方均负有较高的注意和审查义务。

1. 借名人的风险

一是被借名人事后否认借名购车事实的存在，拒绝履行借名协议，在借名人符合购车条件，摇号中签后，拒绝配合办理车辆过户手续。

二是被借名人在指标转让或租赁期间因自身需要购车或规避自身风险等其他原因而改变主意，需要该指标，要求借名人返还车辆（指标）。

三是借名购车协议被认定为无效的风险。购车指标属于一种许可资格，并非物权法保护意义上的物，所以是不可以作价买卖的。因借名购车违反了相关政策，损害了社会公共利益，审判实践中，存在被法院认定为无效的可能。

四是车辆因登记人（被借名人）涉诉而存在被查封或执行的风险。

2. 被借名人的风险

一是登记在被借名人名下的车辆由借名人实际占有使用，无法对车辆进行有效控制，可能在发生车祸时与借名人承担连带赔偿责任，可能因为借名人的过错承担违章罚款、车辆保险等方面责任。

二是丧失个人信用的风险。对于借名后贷款买车的情况而言，借名人是实际还款人，被借名人是名义还款人。若借名人逾期偿还贷款，就有可能对被借名人（名义还款人）造成信用损失。

三是被借名人受到行政处罚的风险。小客车指标仅限本人使用，对于买卖、变相买卖、出租或出借的行为，指标管理机构有权收回指标、三年内不受理该申请人提出的申请。

借名买车会带来各种各样的风险，因此建议人们在买车的时候最好是用自己的名字，同样，也不要将自己的名字借给其他人买车，否则会面临许多法律风险。

问题6：
无偿代驾途中发生交通事故，责任谁来承担？

[案例]

汪某系A轿车车主，2017年2月与王某签订租车协议，约定将A轿车租给王某使用，租期两年。2017年6月30日，贺某酒后驾驶B轿车与王某驾驶的A轿车相撞，造成王某驾驶的A轿车损坏的后果。此事故经过交警部门认定，B轿车驾驶人贺某承担此事故全部责任，王某不承担责任。另外，唐某为B轿车车主，B轿车在某财产保险股份有限公司投保了交强险和商业险，事故发生在合同有效期内。而且，唐某因喝酒未驾驶车辆，贺某是在其授意下进行代驾。现各方当事人就本次交通事故的损害赔偿协商不成。为维护自身合法权益，汪某向人民法院提起诉讼，请求贺某、唐某赔偿其一切损失50000元。

经过人民法院审理，法院认定唐某与贺某为朋友关系，被告人贺某不计报酬代驾行为符合《最高人民法院关于审理人身损害赔偿案件适用法律若干问题的解释》（以下简称《人身损害赔偿司法解释》）第四条

看了就能懂的
法律常识
道路交通
KANLE JIU NENG DONG DE
FALÜ CHANGSHI
DAOLU JIAOTONG

规定的义务帮工性质，因此在从事帮工活动中被告人贺某致人损害的，被帮工人唐某应当承担赔偿责任。由于帮工人贺某酒后驾驶且存在重大过失负事故的全部责任，因此被告人贺某应承担连带责任。

[**法律问题**]

1. 无偿代驾的性质应如何认定？
2. 无偿代驾过程中发生交通事故赔偿责任应如何划分？

[**法律分析**]

在审判实践中关于无偿代驾的性质认定主要存在两种不同意见：第一种意见认为无偿代驾行为符合2022年新修订的《人身损害赔偿司法解释》第四条规定的义务帮工的性质；第二种意见认为无偿代驾行为符合《民法典》第一千二百零九条规定的租赁、借用等情形。两种意见中将无偿代驾行为的性质认定为义务帮工更符合法律及实践经验。

帮工是指为了满足被帮工人生产或生活等方面的需要，没有义务的帮工人不以追求报酬为目的，为被帮工人无偿提供劳务进行帮工的行为。由此可见，帮工人出于亲朋好友的情分提供帮助，帮工活动的结果是被帮工人获得利益。就无偿代驾而言，驾驶人代为驾驶车辆的行为亦非为其个人利益考量，而是受车辆所有人的指示，将车辆运行至目的地，车辆的运行利益亦归车辆所有人享有。因此，无偿代驾符合义务帮工的性质，无偿代驾人和车辆所有人之间构成义务帮工的法律关系。

无偿代驾行为并不适用《民法典》第一千二百零九条之规定。在

《民法典》第一千二百零九条规定的情形下，机动车的所有人与使用人是分离的，而且从车辆的运行支配来看，机动车所有人对机动车的运行不再具有直接的、绝对的支配力；从车辆运行利益来看，虽然所有人可能会从使用人处收取租金等费用，但这是所有人所有权权益的体现，并非对于机动车的运行享有的利益，因此在租赁或者借用情形下，从机动车运行中获取的利益主体是使用人。在无偿代驾中，从车辆运行支配上看，车辆驾驶人是应车辆所有人的要求代驾，目的地也是车辆所有人指定，故而对于车辆享有支配力的是车辆所有人；从运行利益来看，无偿驾驶人并未收取任何报酬，驾驶车辆是为了送车辆所有人去往指定地点，所有人享有运行利益。因此，无偿代驾行为并不符合租赁、借用等情形，不能适用《民法典》一千二百零九条的规定。

无偿代驾行为定性为义务帮工行为，因而在无偿代驾情形下发生交通事故致人损害，根据《人身损害赔偿司法解释》第四条规定，无偿提供劳务的帮工人，在从事帮工活动中致人损害的，被帮工人应当承担赔偿责任。被帮工人承担赔偿责任后向有故意或者重大过失的帮工人追偿的，人民法院应予支持。被帮工人明确拒绝帮工的，不承担赔偿责任。根据《道路交通事故司法解释》第十三条的规定："同时投保机动车第三者责任强制保险和第三者责任商业保险的机动车发生交通事故造成损害，当事人同时起诉侵权人和保险公司的，人民法院应当依照《民法典》第一千二百一十三条的规定，确定赔偿责任。即机动车发生交通事故造成损害，属于该机动车一方责任的，先由承保机动车强制保险的保险人在强制保险责任限额范围内予以赔偿；不足部分，由承保机动车商业保险的保险人按照保险合同的约定予以赔偿；仍然不足或者没有投保机动车商业保险的，由侵权人赔偿。"因此，即使在无偿代驾过程中发生交通事故致人损害需要承担赔偿责任时，也应先由承保交强险的保险公司予以赔偿；不足以赔偿的，有商业三者险的应由承保商业三者险的保险公司承担赔偿责任；仍不足以赔偿的，应由实际侵权人予以赔偿。无偿代驾行为的性质为义务帮工，驾驶人与车辆所有人之间的赔偿责任适用《人身损害赔偿司法解释》第四条规定，由被帮工人承担赔偿责任，帮工人只有在故意或者有重大过失的情形下才承担赔偿责任。

[案例拓展]

随着我国交通管理的逐步严格规范以及驾驶人法律意识的不断提高，当前环境下有偿代驾行为相当普遍，当然也出现了发生交通事故应如何划分责任的问题。对于代驾过程中发生交通事故应由谁来承担责任的问题，应根据不同的情况分别讨论。

1. 代驾公司的责任承担问题

代驾公司为顾客提供代驾服务、派人代驾，不管与顾客是否签有书面合同，委托合同关系都已形成，所以应保证顾客行车途中的人身和财产安全。一旦发生交通事故，产生赔偿事宜，事故车投有保险的，保险公司应先行赔偿。如果事故是由代驾公司的过错造成的，保险公司可向其追偿。如果事故车没投保，因代驾是职务行为，赔偿责任由代驾公司承担。一般情况下，代驾公司与代驾司机签有合同，约定清楚一旦出现交通事故后由谁来承担责任，但这个约定不能对抗事故中受害的第三人。也就是说，如果交通事故造成第三人受伤，则这个约定对第三人是无效的。肇事车辆的车主应先对第三人进行赔偿，然后再根据约定向代驾公司追偿。

2. 酒店代驾的责任承担问题

酒店为客人提供酒后代驾服务，无论是有偿还是无偿，都应当认定为餐饮消费服务的延伸服务，是消费行为的延续，是消费者与酒店之间的消费服务合同的组成部分。鉴于此，如果发生交通事故，则表明酒店没有尽到自己将消费者安全送达目的地的义务，违反了服务合同的约定。如果事故车没有保险，应当由酒店承担责任。如果确实因为代驾司机的过错导致交通事故的发生，则酒店在向消费者承担违约责任之后，可以向代驾司机追偿。

3. 私人代驾的责任承担问题

私人代驾包括亲朋好友无偿代驾和其他人受雇有偿代驾。有偿代驾，那么代驾人与委托人形成了委托合同关系。出了交通事故，如果车辆没有保险，则责任应由代驾人承担。如果亲朋好友出于好意无偿替喝酒者开车，双方便形成了义务帮工的关系。根据《人身损害赔偿司法解释》第四条的规定，如果无偿代驾过程中出了交通事故，无偿代驾人只有在主观上存在故意或者重大过失的情况下，才应承担相应的赔偿责任。

问题7：
挂靠经营的车辆肇事，挂靠人和被挂靠人应如何承担责任？

[案例]

　　2010年10月4日10时20分左右，孙某驾驶无号牌二轮摩托车沿着某省道由南向北行驶至某路口左转时，转弯未让直行，与沿着该道路由北向南由杨某驾驶的货车（悬挂晋MXXXXX号牌）相撞，致孙某死亡，两车不同程度受损。2010年10月13日，某县公安局交通巡逻警察大队出具《道路交通事故认定书》，认定孙某驾驶未经登记的二轮摩托车上路行驶，未戴安全头盔，通过没有交通信号灯控制也没有交通警察指挥的交叉路口时，转弯未让直行的车辆先行；杨某驾驶载物超过核定载质量且悬挂伪造号牌的货车上路行驶，通过路口时未减速慢行，且判断操作失误；孙某、杨某的违法行为对本次交通事故的形成所起的作用基本相当，应负本起事故的同等责任。杨某系肇事货车的所有人，该车未投保交强险及商业险，该车辆相关信息如下：检验有效期至2008年12月

31日止，总质量9844吨，核定载质量4500吨，牌照为苏FXXXXX。

2010年6月，某盐业有限公司（合同甲方）与某运输公司（合同乙方）签订《原盐运输合同》，约定由某运输公司为某盐业有限公司承揽散装原盐的运输，合同期限自2010年6月17日至2011年12月31日止。合同第1条第2项约定：乙方在接到甲方装运任务时，应严格按照甲方的运单事项按质、按量完成装运任务，并对甲方盐产品装运全过程负责。第2条第7项约定：在甲方从事的营运车辆必须证照齐全，符合《道路交通安全法》相关规定，每辆车投保的第三者责任险不低于人民币20万元。第5条第1项约定：甲方有装运任务时提前一天以电话或传真方式通知乙方固定的联系人确认装运委托内容，包括要求车辆到达甲方制盐场区的时间、日期及装货的具体地点，要求承运的货物数量，建议使用的车型、卸货地点等。乙方在甲方从事营运的车辆装载货物后车货总重不超过20吨。第5条第3项约定：乙方运输车辆进入甲方厂区时速不得超过每小时20千米，装货应组织有序、合理安排，服从甲方现场工作人员的统一安排、调度。

2010年6月19日，某运输公司与杨某签订《原盐运输合同》，合同约定由某运输公司委托杨某运输原盐，合同期自2010年6月19日至2010年12月31日止。合同第3条第1项约定：某运输公司按照国家规定的标准对原盐进行装运，没有统一规定装运标准的，应根据保证原盐运输的原则进行运输，如装运不符合要求，杨某必须绝对服从某运输公司的调配及装运。第5条第1项约定：运费按杨某实际承运原盐的里程及重量计算，具体标准按运单约定某运输公司提留后执行。第5条第3项约定：某运输公司对杨某所提交的收货凭证及运单进行审核，在确认该凭证有效且原盐按期运达无缺失问题后，月终结算当月运费及安排付款。第11条约定：杨某驾驶车辆必须达到车辆管理部门规定的安全状况方可行驶。
第12条约定：杨某驾驶的车辆所有证件必须齐全有效。同日，某运输公司与杨某还签订《车辆驾驶人员安全合同》。杨某系在履行其与某运输公司签订的《原盐运输合同》过程中发生本起交通事故。

对于本次交通事故的赔偿责任，各方当事人未协商一致，向人民法院提起诉讼。经审理，一审法院判决杨某应在交强险责任限额范围内赔偿孙某近亲属等的合理损失；对于超出交强险限额的部分，由肇事货车一方与孙某各自承担50%的责任。肇事车辆一方具体责任比例由杨某承担25%，某运输公司承担15%，某盐业有限公司承担10%。一审判决做出后，孙某近亲属、某运输公司、某盐业有限公司不服判决，向上一级人民法院提起上诉。二审法院经审查认定，本案的争议焦点为因交通事故致孙某死亡给上诉人孙某近亲属造成的合理损失应由谁来承担。针对争议焦点，二审法院经审理认定，本次交通事故对于超出交强险范围外的赔偿责任应由杨某承担40%的赔偿责任，某运输公司对杨某的赔偿义务承担连带赔偿责任，某盐业有限公司承担10%的赔偿责任，孙某对于本次交通事故的损失自负50%的责任。

[法律问题]

1. 某盐业有限公司是否需要对本次交通事故的损害承担赔偿责任?

2. 某运输公司在本次交通事故中具体应承担何种责任?

[法律分析]

某盐业有限公司需要对本次交通事故的损害承担赔偿责任。根据《民法典》第一千一百七十二条的规定："二人以上分别实施侵权行为造成同一损害，能够确定责任大小的，各自承担相应的责任；难以确定责任大小的，平均承担责任。"某盐业有限公司与某运输公司签订的《原盐运输合同》中明确约定，某运输公司从事营运的车辆不得超载、车货总重不得超过20吨。原盐的装运现场由某盐业有限公司安排人员负责指挥、调度，故某盐业有限公司对从事运输车辆是否超载负有一定的监管义务。某盐业有限公司在装运现场负责过磅，其对杨某驾驶的车辆严重超载行为未予以制止，放任该具有高度危险性的车辆驶离盐场，对于交通事故的发生存在一定的过错，应当承担相应的责任。

针对某运输公司在本次交通事故中是与某盐业有限公司一同承担相应的赔偿责任还是与杨某一同承担连带责任的问题，关键在于判定杨某与某运输公司是何种法律关系。如若某运输公司与杨某之间属于交通运输合同关系，则某运输公司仅需要根据《民法典》第一千一百七十二条的规定，对于本次交通事故的损害按照自己的过错程度承担相应的赔偿责任；如某运输公司与杨某之间属于挂靠关系，则某运输公司便需要根据《民法典》第一千二百一十一条的规定，对杨某负担的赔偿义务承担连带赔偿责任。本案中，某运输公司作为具有道路运输营运许可证的运输企业，承运某盐业有限公司的原盐运输业务后，与杨某签订《原盐运输合同》，在对杨某所有的承运车辆运营资质疏于审查的情况下，委托杨某以某运输公司名义从事原盐运输，并提留杨某的部分运输费用，收取一定的保证金，要求杨某遵守公司的相关管理制度，接受调度、管理。由此可知，杨某是以某运输公司的名义从事运输经营，而某运输公司从杨某的运输活动中获取一定的利益，两者之间实质上构成挂靠关系，故而某运输公司作为被挂靠人，应当与挂靠人杨某承担连带赔偿责任。

[案例拓展]

以挂靠形式从事道路运输经营活动的机动车发生交通事故造成损害，属于该机动车一方责任的，应由挂靠人和被挂靠人承担连带责任。根据《交通运输部办公厅关于"挂靠经营"含义的复函》指示，"挂靠经营"是指道路客运车辆的机动车登记证书及行驶证的所有（权）人不具备道路客运经营资质，但以其他具备资质的企业名义从事道路旅客运输经营活动的行为。挂靠经营者的相关经营行为相应的法律责任由被挂靠的企业承担。现行法律规定对于挂靠情形下责任承担问题的规定较为清晰明确，但是实践中对于是否适用该条款会出现分歧。出现分歧的关键在于对挂靠关系的认定模糊不清。

关于如何判断挂靠关系，根据交通运输部《关于征求<清理整顿道路客运挂靠经营工作安排>意见的函》中的规定，可根据以下几个原则来界定是否为挂靠关系：1. 从车辆产权关系上，非挂靠车辆的全部或大部分产权应属于运输企业所有，车辆有关证照注明的所有者应为运输企业。2. 从客运线路经营权的所有上，非挂靠车辆的客运线路经营权应为运输企业所有。3. 从司乘人员与运输企业的人事关系上，司乘人员应是企业的职工，企业必须依照《中华人民共和国劳动法》（以下简称《劳动法》）与职工签订劳动合同。职工享受《劳动法》赋予职工的一切权利，企业必须严格执行《劳动法》及其配套法规规章的有关规定。4. 从运输组织上，非挂靠车辆必须由运输企业统一调度指挥，统筹安排各班车上的司乘人员。5. 从财务关系、收益分配上，非挂靠车辆单车营运收入应全部上交企业，企业每月按相关规定发给司乘人员工资，并确保相应福利待遇，是股东的职工应按企业盈利情况参与分配红利。司乘人员不参加单车的利润分配，不与单车的收益挂钩。6. 从管理责任上，运输企业应对非挂靠车辆负有全部的管理和安全责任。

在实际工作中，对于界定一辆车是否是挂靠车辆，可以在遵守上述原则的基础上，通过如下材料进行确认：1. 该车的线路经营权的所有者为根据线路审批表或相关文件确定的经营者；2. 该车购置发票、银行资金流动单据、购车协议所确定的车辆产权拥有者；3. 该车的道路运输证、行驶证的车主；4. 企业的车辆技术台账、折旧台账、资产台账以及有关资产审核报告是否包括该车辆；5. 该车营业收入的结算单、解缴营业收入的有关财务凭证；6. 企业现金流量表是否包括该车的全额营业收入；7. 驾乘人员的聘任协议、工作证、企业为职工办理的保险、发放的福利等相关证明材料；8. 股东的驾乘人员参与企业分红的有关凭证；9. 企业与车主签订的收购协议或挂靠、承包协议的相关内容；10. 企业负责人与车主、司乘人员的口头或书面意见（口头意见的应有记录并双方签字）。

值得注意的是，挂靠情形相当复杂，应当注意挂靠关系与运输合同关系、雇佣劳动关系以及委托代理关系的区分，警惕挂靠人与被挂靠人之间签订其他名义的合同，保证挂靠关系的认定是在查明事实的基础上，进而认定被挂靠人与从事运输经营活动的挂靠人承担机动车交通事故责任并承担连带责任。

问题8：
试驾过程中发生交通事故，责任谁来承担？

[案例]

某汽车销售公司组织试乘试驾活动期间，吴某和冯某报名参加，并分别与某汽车销售公司签订了《试乘试驾保证书》。保证书中，吴某声明：本人在试乘试驾过程中，将严格遵守国家及地方有关行车、驾驶及乘车的一切法律和法规要求，并服从某汽车销售公司提出的一切指示，做到安全、文明驾驶，以尽最大努力和善意保护陪驾人员的生命安全和试乘试驾车辆的安全和完好；对试乘试驾过程中造成的自身或他人的人身伤亡及汽车销售公司或他人财产的一切损失，本人将承担全部责任。2009年10月24日，冯某、吴某及李某被安排试乘试驾同一辆小轿车，某汽车销售公司工作人员彭某陪驾。当日11时18分许，吴某驾驶该车辆在某路段由西向东行驶至某道路交叉路口右拐弯处时，由于车速过快且操作不当，该车失控驶出路面，与附近某施工场地水泥管相撞，车辆起火燃烧，车上4人不同程度受伤。某省公安厅交通管理局交警总队出具《道路交通事故认定书》，认定吴某负事故全部责任，彭某、李某、冯某不负事故责任。该车辆是某汽车销售公司借用其他汽车销售公司的车辆，该车辆在某财产保险股份有限公司处投有交强险和商业保险。事故发生后，受害人李某、彭某、冯某分别起诉某汽车销售公司、吴某、该试驾车辆的原汽车销售公司、某财产保险股份有限公司，请求就其人身损害承担赔偿责任。人民法院经审理后，最终判决吴某承担李某、彭某、冯某的各项损害赔偿费用。吴某承担各项赔偿费用之后，与某汽车销售公司协商赔偿责任的承担问题。双方协商不成，吴某向人民法院提起诉讼，请求某汽车销售公司作为经销商向吴某承担赔偿责任，支付赔偿款项203345.6元。某汽车销售公司辩称不同意吴某的诉讼请求，请求法院驳回吴某的诉讼请求。

经审理，一审法院认为本次交通事故系吴某操作不当、速度过快引起的事故，按照约定，吴某因自身原因产生的损失应当由吴某自己来承担，故吴某本次诉讼的请求缺乏法律依据，不予支持。一审判决做出后，吴某不服，向上级人民法院提起上诉。上级人民法院经审理，认定上诉人吴某的上诉理由不能成立，故而判决驳回上诉，维持原判。

［法律问题］

本次交通事故造成的损害应由哪个主体承担损害赔偿责任？

［法律分析］

本次交通事故造成的损害应由试驾人吴某承担赔偿责任。机动车试驾与机动车试乘同为汽车经销商的促销手段，两者的目的都是提升汽车购买者的消费体验，激发消费者的购买欲望，都具有非运营性、无偿性和合意性的特征。但两者也存在明显的不同，其根本区别在于体验车辆的方式不同。试乘活动是消费者经过销售者邀请或同意，通过亲身乘坐方式体验待售车辆性能，消费者本人不亲自实施对待售车辆的掌控、操作活动。试驾活动的驾驶人系准备购买车辆的消费者本人，主要依赖自身的行为能力和驾驶能力来实现对车辆的掌控、操作体验，其驾驶车辆的情形属于车辆的驾驶人与车辆的所有人不一致的情形。对此情形下发生交通事故的责任承担问题，应适用《民法典》第一千二百零九条的规定来确定，即机动车试驾过程中发生交通事故造成损害的，由驾驶人承担赔偿责任；提供试驾服务一方对损害的发生有过错的，承担相应的赔偿责任。

本案中，肇事车辆的驾驶人是吴某，该活动属于某汽车销售公司提供的试驾服务。从双方当事人之间的合同关系角度看，试驾活动在没有外部因素介入的情况下，其危险性主要来源于试驾者的操控失当和试驾车辆的机械故障。这种风险是双方应当知道的前置义务，加之试驾活动的无偿性特点，故作为销售者对试驾者的注意义务要低于对试乘者的注意义务，其过错考量和安保义务主要体现在对试驾者的驾驶能力资格审查和保证试驾车辆处于安全运行状态方面。现有证据表明，某汽车销售公司对吴某的驾驶资格已尽到审查义务，其提供的试驾车辆符合运行条件，其提供的试驾道路符合道路交通安全法对道路的具体规定。针对吴某所提的销售者应当提供专业场地，提供专业的陪驾人员，为试驾车辆投保，均不是销售者对试驾者的必备义务。另外，因试驾活动的合意性特点，双方对试驾活动中造成人身和财产损害的责任问题，明确约定由上诉人自行承担全部责任。故而，本次交通事故造成的损害应由驾驶人吴某承担赔偿责任。

[案例拓展]

随着机动车成为必需的出行交通工具，机动车消费的增加加剧了汽车销售行业的竞争。各个品牌的销售商为了提高消费者对自己品牌汽车的购买欲望和认可，纷纷在消费者决定购买汽车前推出试乘试驾服务。但是，试乘与试驾必然要求机动车上路运转，在发生交通事故造成车上人员损害时，试乘与试驾的责任承担主体不同。

在试乘活动中，驾驶员一般由试乘服务提供者提供。此时试乘车辆发生交通事故产生损害赔偿责任应当根据《道路交通事故司法解释》第六条的规定，由试乘服务提供者与对方机动车按照各自过错的比例分担

责任。如果因为试乘人主观上故意干扰驾驶，将自己置于危险的境地，则应当免除试乘服务提供者的赔偿责任。

然而在试驾活动中，驾驶员为第三人，而非试驾服务提供者提供的人员，在驾驶人与车辆所有人不是同一人的情形下，应参照《民法典》第一千二百零九条的规定，视为试驾人租赁、借用机动车，那么在机动车试驾过程中发生交通事故造成损害的，由试驾人承担赔偿责任，试驾服务提供者对损害的发生有过错的，承担相应的赔偿责任。

因此，人们在购买机动车的过程中，体验汽车销售公司提供的试乘试驾服务时，应量力而行选择体验服务，不仅是出于自身的安全考量，而且可以避免给自己造成不必要的损失。

问题9：
驾驶培训过程中发生交通事故，责任谁来承担？

[案例]

2017年2月6日11时许，某公司的学员刘某在学习驾驶机动车的过程中，因操作不当，导致车辆失控冲进另一公司车间，造成徐某受伤。徐某先后在某区医院、某市医院接受治疗。后经委托，某司法鉴定所出具《司法鉴定意见书》：经鉴定，徐某下颌骨损伤构成九级伤残，左侧面部之损伤构成十级伤残，右肩部之损伤构成十级伤残。涉案车辆登记在某公司名下，并在某财产保险股份有限公司投保机动车交强险，该车辆在案发时由某驾驶培训学校管理使用。事故发生后，涉事各方对于徐某的损害赔偿协商不成。受害人徐某向人民法院提起诉讼，请求某驾驶培训学校及学员刘某就其损害承担赔偿责任。

经审理，一审法院认为，徐某主张的各项赔偿数额应由某财产保险股份有限公司在机动车交强险责任保险范围内予以赔偿，不足部分由某驾驶培训学校予以赔偿。一审判决做出后，某驾驶培训学校不服，向上级人民法院提起上诉。二审法院经审理，也认定本次交通事故造成的徐某的损害赔偿应由某驾驶培训学校承担赔偿责任，故而判决驳回上诉，维持原判。

[法律问题]

1. 本案中，某驾驶培训学校是否应当承担本次交通事故的损害赔偿责任？

2. 本案中，学员刘某是否需要对本次交通事故承担损害赔偿责任？

[法律分析]

本案中，某驾驶培训学校应当承担本次交通事故的损害赔偿责任。根据《道路交通事故司法解释》第五条规定："接受机动车驾驶培训的人员，在培训活动中驾驶机动车发生交通事故造成损害，属于机动车一方责任的，当事人请求驾驶培训单位承担赔偿责任的，人民法院应予支持。"目前，我国法律界确定机动车交通事故损害赔偿责任的法理依据主要在于"运行支配"和"运行利益"的二元标准。在驾驶培训过程中，培训内容、培训教练的选用、培训场地的选择均由培训机构决定，培训机构事实上对驾驶培训所使用的机动车运行享有管理、支配的地位。加之，驾驶培训机构设立的目的为收取培训费用，则培训机构事实上也从培训时所使用的机动车中收益，故当培训过程中发生交通事故时，培训机构应当对事故造成的损害承担赔偿责任，受害者向驾驶培训机构请求赔偿的，人民法院应当予以支持。本案中，某驾驶培训学校系机动车驾驶员培训的注册机构，具有场地、道路驾驶技能培训专业资质，对其培训场地、道路应选定在特定的区域、按特定的线路进行。某驾驶培训学校应当知道机动车驾驶员培训的危险性，对其培训负有安全注意义务，根据《道路交通事故司法解释》第五条的规定，应当承担本次交通事故的损害赔偿责任。

学员刘某不需要对本次交通事故承担损害赔偿责任。本案中，学员刘某在接受某驾驶培训学校的培训过程中，因操作不当及培训教练未依规教学的情况下将徐某撞伤。因徐某本身并无过错，根据《道路交通安全法》第七十六条的规定，应当由"机动车一方"承担责任。根据《道路交通事故司法解释》第五条的规定，学员刘某虽为肇事车辆的驾驶员，但因其本身属于参加培训的学员，对于培训车辆不具有"运行支配"和"运行利益"，故其不属于"机动车一方"，不应承担本次交通事故损失的赔偿责任。

[案例拓展]

汽车进入家庭以后，汽车消费在我国呈逐年上升的趋势。相应地，驾驶培训机构也日益增多，由此引发了大量的驾校学员与驾驶培训机构之间的纠纷。司法实践中比较突出的是在培训活动中发生交通事故造成损害时，如何确认赔偿责任主体，驾校学员是否承担赔偿责任等问题。

驾驶培训机构的学员在机动车驾驶教练员的指导之下学习交通安全知识及驾驶技能，并向驾驶培训机构支付学习费用。在培训期间，受训的学员不具有驾驶资格，也不完全具有驾驶能力，无法从容地应对各种交通状况。在学员驾驶教练车的过程中，其驾驶方式、行驶路线、行驶速度要完全听从教练员的指挥，且所驾车辆都是配备副刹车的专业教练车。所以，此时学员并非是在独立驾驶教练车，教练员才是教练车的实际控制人。为此，教练员应当尽到指导学员提高驾驶技能并排除交通危险的义务。如果在培训活动中造成交通事故或者出现交通违法行为，可以认为是教练员没有尽到自己的注意义务，由此产生的后果也应由教练员承担。根据《中华人民共和国道路交通安全法实施条例》（以下简称《道路交通安全法实施条例》）第二十条的规定，学习机动车驾驶，应当先学习道路交通安全法律法规和相关知识，考试合格后，再学习机动车驾驶技能。在道路上学习驾驶，应当按照公安机关交通管理部门指定的路线、时间进行。在道路上学习机动车驾驶技能应当使用教练车，在教练员随车指导下进行，与教学无关的人员不得乘坐教练车。学员在学习驾驶中有道路交通安全违法行为或者造成交通事故的，由教练员承担责任。此处的"责任"应当是"道路交通事故责任"，并非最终的"损害赔偿责任"。教练员受雇于驾驶培训机构，同时驾驶培训机构既是教练车的运行支配者，又是运行利益的受益人。依照《民法典》第一千一百九十一条规定："用人单位的工作人员因执行工作任务造成他人损害的，由用人单位承担侵权责任。"驾驶培训机构应对教练员的行为承担责任。以此作为法律基础，《道路交通事故司法解释》第五条明确规定，接受机动车驾驶培训的人员（即驾校学员），在培训活动中驾驶机动车发生交通事故造成损害，属于该机动车（教练车）一方责任，当事人请求驾驶培训单位（驾校）承担赔偿责任的，人民法院应予支持。

同时，根据《民法典》第一千一百九十二条的规定，驾校承担赔偿责任后，有权在赔偿范围内向教练员进行追偿。但是教练员也并非什么责任都需要承担，如果学员的违法行为或者造成的交通事故是当事人故意或者存在重大过失的结果，并且教练员已经采取了必要的制止措施仍没有避免违法行为或者事故的发生，则可以免除或者减轻教练员的责任。

在实践中，教练车一般都购买了交强险等保险，发生交通事故找保险报案后，先由保险公司理赔，保险公司不得以驾校学员未取得《机动车驾驶证》为由拒绝理赔。因为驾校学员并不具备独立驾驶机动车的资格，即使发生交通事故时实际操作由学员完成，其行为后果也应由教练员承担，学员是在教练员的随车指导下，使用教练车在道路上学习驾驶的，并不属于无证驾驶。

⚖ 问题10：
因道路缺陷导致交通事故，建设施工单位、养护管理单位如何承担赔偿责任？

[案例]

2015年1月9日19时15分，在某高速综合检查站进站口，刘某驾驶小型轿车，内乘叶某，由东向西行驶时撞缓冲带隔离墩后仰翻，造成叶某受伤，车辆及隔离墩撞坏。某公安局交通管理局对该起事故出具了《道路交通事故认定书》，确定本起交通事故成因及责任："刘某驾驶小型轿车未确保安全发生交通事故的违法过错行为，与本起道路交通事故的发生有因果关系，是事故发生的全部原因。叶某乘坐小型轿车无违法过错行为，与本起道路交通事故的发生没有因果关系……刘某负全部责任，叶某无责任"。事故发生后，2015年1月9日，叶某被送至医院急救中心进行急救，经过一系列的紧急救助，最终诊断为：脊椎骨折C5、C6，急性完全性截瘫，眼睑皮肤裂伤，早期妊娠。2015年8月14日，叶某委托某司法鉴定中心进行法医临床鉴定，鉴定事项为护理依赖。2015

年8月17日，该鉴定中心出具鉴定结论为：叶某需完全护理依赖。2015年8月14日，某交通警察支队委托某司法鉴定中心对叶某的伤残等级进行鉴定。2015年8月17日，某司法鉴定中心出具鉴定意见，被鉴定人叶某的伤残等级为一级，伤残赔偿指数为100%。对于交通事故中安全设施是否符合设计要求及相关标准规范的要求，叶某申请鉴定。某交通运输司法鉴定中心于2017年1月12日受理该鉴定申请，2017年2月13日出具鉴定报告，认定了某高速综合检查站工厂站工程设计时间为2008年5月，事故发生路段南侧设计有混凝土护栏，接近检查站入口路段设有减速标线，沿右转进入检查站线型设置车道边缘白实线和车行道分界线，临近右转弯时路面设置右转弯导向箭头标线，设置轮廓标……临近该综合检查站的事故发生路段，道路南侧摆放了隔离墩，隔离墩与路面无连接（隔离墩未与路面连接，不属于护栏种类之一，不符合设计文件和《公路交通安全设施设计规范》的要求），接近检查站入口路段未设置减速标线，部分路段车道边缘白实线和车行道分界线磨损严重，白天和夜间视认性均较差，临近右转弯时路面设置的右转弯导向箭头标线磨损严重，视认性较差；接近检查站入口路段初始段未沿右转线型设置车道边缘白实线和车行道分界线；道路南侧隔离墩未设置轮廓标。最终出具鉴定意见：事发时事故路段的交通工程安全设施，不符合设计文件和相关标准规范的要求。经查，事发路段检查站的建设单位为某交通局，公路养护单位为某集团。关于叶某在本次事故中的损害赔偿问题，各方没有协商一致，叶某向人民法院提起诉讼。

经审理，一审法院认为肇事车辆驾驶人刘某对本次事故负有80%的责任，某集团和某交通局在本次事故中各承担10%的责任。一审判决做出后，叶某、刘某、某集团均不服，提出上诉。上级人民法院经审理认为，本次交通事故某交通局、某集团应承担60%的主要责任，肇事车辆驾驶人刘某应承担40%的次要责任，某交通局、某集团内部责任的划分按照过错程度，某交通局承担60%责任中的主要责任即40%的责任，某集团作为道路的管养方过错责任小于建设方某交通局的过错责任，应承担60%责任中的次要责任即20%的责任。

［法律问题］

1. 本案中，某交通局是否应就本次交通事故的损害承担赔偿责任?

2. 本案中，某集团是否应就本次交通事故的损害承担赔偿责任?

［法律分析］

某交通局、某集团应当就本次交通事故的损害承担赔偿责任。根据《道路交通事故司法解释》第八条规定："未按照法律、法规、规章或者国家标准、行业标准、地方标准的强制性规定设计、施工，致使道路存在缺陷并造成交通事故，当事人请求建设单位与施工单位承担相应赔偿责任的，人民法院应予支持。"本案中，某交通局系涉案路段的建设单位。首先，某交通局并未提供涉案路段的竣工验收书，表明涉案路段并未经过竣工验收为合格路段。其次，经鉴定机构鉴定，该路段南端隔离墩与路面无连接（隔离墩未与路面连接，不属于护栏种类之一，不符合设计文件和《公路交通安全设施设计规范》的要求），接近检查站入口路段未设置减速标线，部分路段车道边缘白实线和车行道分界线磨损严重，白天和夜间视认性均较差，临近右转弯时路面设置的右转弯导向箭头标线磨损严重，视认性较差；接近检查站入口路段初始段未沿右转线型设置车道边缘白实线和车行道分界线；道路南侧隔离墩未设置轮廓标，最终鉴定涉案路段交通工程安全设施不符合设计文件和相关标准规范的要求。最后，根据本案所查事实，涉案路段原有的路面标线并未清除更改，极易引起误导，右转亦无右转弯导向箭头，夜间既未设置照明设施，亦未设置反光标识或闪灯警示灯，夜间行车极易造成重大安全隐患。因此，某交通局建设的路段存在重大安全缺陷，其作为涉案路段的建设单位对本案交通事故的发生应承担不可推卸的责任。

某集团作为道路的养护方需要对本次交通事故的损害承担赔偿责任。根据《收费公路管理条例》第二十六条的规定，收费公路经营管理者应当按照国家规定的标准和规范，对收费公路及沿线设施进行日常检查、维护，保证收费公路处于良好的技术状态，为通行车辆及人员提供优质服务。根据《道路交通事故司法解释》第七条第一款规定："因道路管理维护缺陷导致机动车发生交通事故造成损害，当事人请求道路管理者承担相应赔偿责任的，人民法院应予支持。但道路管理者能够证明已经依法律、法规、规章的规定，或者按照国家标准、行业标准、地方标准的要求尽到安全防护、警示等管理维护义务的除外。"某集团系高速公路的管理检查养护方，应对整条高速路段承担安全保障义务，确保整个高速道路安全畅通。现某集团对明显存在安全隐患的缺陷路段未向建设单位提出任何风险提示或整改方案，未尽管理养护职责和合理注意义务，未尽到安全保障义务，未能保证涉案路段处于良好的技术和安全状态，致使本案交通事故未能避免，其作为高速公路的管养单位亦应承担相应的责任。

[案例拓展]

建设单位建设的路段存在重大安全缺陷，造成交通事故的，建设单位应承担相应的赔偿责任。道路管理者对明显存在安全隐患的缺陷路段未向建设单位提出任何风险提示或整改方案、未能保证涉案路段处于良好的技术和安全状态等，致使交通事故未能避免的，属于未尽到管理养护职责和合理注意义务，道路管理者亦应承担相应的赔偿责任。行为人承担与其过错程度相应的赔偿责任。存在道路设计缺陷或管理者未尽到管护义务时，建设单位或管理单位在其无其他证据佐证的情况下，不得以交通事故认定书未认定其存在过错为由抗辩。

关于《道路交通事故认定书》的结论与建设单位责任认定的关系问题。《道路交通事故认定书》是处理机动车交通事故责任纠纷所依据的重要证据，在证据类型上属于公文书证。在类似本案的纠纷中，建设单位和道路管理者通常会以《道路交通事故认定书》中未认定其存在过错作为抗辩理由，此时则需要结合全案案情综合判断。这是因为：首先，道路存在缺陷与否以及道路管理者是否尽到了管护义务，需要通过

司法鉴定、当事人的举证、质证等情况综合判断,《道路交通事故认定书》是交通管理部门经法定程序对交通事故基本情况、原因以及责任划分做出的说明。在交通管理部门出警时,关于道路是否存在缺陷等专门性问题尚无定论,且在诉讼程序中《道路交通事故认定书》本就属于证据的情况下,道路的建设单位和管理者不能仅以此作为其不承担赔偿责任的抗辩事由,此项抗辩在无其他证据佐证的情况下并不能成立。其次,在此类纠纷中,关于交通事故的情况,除《道路交通事故认定书》外,当事人在公安机关以及法庭上的陈述、保险公司对现场的勘查和照片等均是证明本案中损害赔偿责任承担问题的重要证据。因此,建设单位不能仅以《交通事故认定书》的结论来逃避自己应承担的赔偿责任。

问题11：
驾驶公车肇事认定为职务侵权行为，此时赔偿责任应由谁来承担?

[案例]

　　2017年12月30日13时40分许，陈某驾驶无牌二轮摩托车在某路段撞到行人王某，造成王某受伤及无牌二轮摩托车受损的交通事故。事故发生后，王某即被送往医院住院治疗至2018年2月14日，住院46天，住院期间共支付医疗费19796.18元。王某的伤情经医院诊断为：腰1椎体压缩性骨折。之后，王某继续接受治疗，自行支付医疗费等648.75元。2018年3月5日，某公安分局交通警察大队出具《道路交通事故认定书》，认定：2017年12月30日13时40分左右，在某路段陈某驾驶的无牌二轮摩托车撞到行人王某，造成王某受伤及无牌二轮摩托车受损的交通事故（报警时已经撤离现场，无现场照片）。某司法鉴定中心接受王某的委托，出具《司法鉴定意见书》，鉴定意见为：王某因交通事故致腰1椎体压缩性骨折，予以手术治疗，其误工期评定为150天，护理期评定为60天，营养期评定为60天。经调查，陈某系某公司雇佣的专属骑手，陈某每月在某公司领取基本工资、全勤奖励、电话补助及送餐提成，某公司认可陈某系在工作过程中撞伤王某。事故发生后，王某与陈某、某公司就损害赔偿问题协商不一致，王某向人民法院提起诉讼。

经审理，一审法院认为陈某应当承担本次道路交通事故的全部责任，因为陈某系某公司的雇员，陈某系在从事雇佣活动中致人损害，故而应由某公司承担赔偿责任；陈某在本次道路交通事故中具有重大过失，应当与雇主某公司承担连带赔偿责任。一审法院做出判决后，某公司不服提起上诉。经二审法院审理，认定本次道路交通事故的赔偿责任应由某公司承担，雇员在本案中不应承担赔偿责任。

[法律问题]

本案中，雇员陈某是否应就本次道路交通事故的损害向王某承担赔偿责任？

[法律分析]

本案中，雇员陈某无须向受害人王某承担损害赔偿责任。根据《道路交通安全法》第八条的规定，国家对机动车实行登记制度。机动车经公安机关交通管理部门登记后，方可上道路行驶。尚未登记的机动车，需要临时上道路行驶的，应当取得临时通行牌证。本案中，陈某驾驶无牌二轮摩托车在道路上行驶，违反了相关法律法规的规定，且在事故后拒绝配合交通管理部门的调查，因此，陈某应当承担本次交通事故的全

看了就能懂的
法律常识
KANLE JIU NENG DONG DE
道路交通
FALÜ CHANGSHI
DAOLU JIAOTONG

部责任。其次，根据《民法典》第一千一百九十一条的规定，用人单位的工作人员因执行工作任务造成他人损害的，由用人单位承担侵权责任。本案中，陈某作为某公司雇佣的专属骑手，每月在某公司领取基本工资、全勤奖励、电话补助及送餐提成，故陈某与某公司之间构成雇佣关系。因此，某公司作为用人单位，应当承担无过错责任，陈某作为雇员在本案中不应承担赔偿责任。但是，由于陈某对于本次交通事故的发生存有重大过失，某公司承担赔偿责任后可以依法向陈某追偿。

[案例拓展]

当今生活节奏飞快，物质条件更加丰富，许多员工在工作中经常需要外出完成工作任务，造成了履行职务活动中交通事故频发。当履行职务行为的员工驾驶机动车造成他人损害时，根据《民法典》第一千一百九十一条的规定，由用人单位承担赔偿责任，且该责任为无过错责任，即纵使员工就损害的发生存在故意或重大过失，亦无须与用人单位承担连带赔偿责任。用人单位在实际履行完赔偿责任后，可以向存有故意或重大过失的员工行使追偿权。根据相关法律法规的规定，职务行为的履行同样包括劳务派遣期间被派遣的工作人员执行工作任务。

在司法实践中，经常出现一种情形是擅自驾驶人与机动车所有人或管理人存在雇佣关系。针对此种情形下超出交强险部分的赔偿责任认定，应依据擅自驾驶人是否系履行职务行为而有所区分。1. 在擅自驾驶人系在履行职务的情况下，按照《民法典》第一千一百九十一条的规定，应由用人单位直接承担替代责任，赔偿超出交强险之外的损失部分。擅自驾驶车辆的工作人员即便存在故意或重大过失，也无须与用人单位承担连带责任。因此，在驾驶人擅自驾驶机动车系履行职务行为的情况下，应由用人单位直接承担替代责任，在擅自驾驶人在交强险外应当承担的责任范围予以赔偿。（2）擅自驾驶人驾驶机动车并非为履行职务，其行为与履行职务并无关联，则应将用人单位认定为《民法典》第一千二百一十二条规定中的"机动车所有人"，即由擅自驾驶人对交强险之外的损失予以赔偿，用人单位在有过错的情形下承担相应的赔偿责任。用人单位的过错可体现在对"人"与"车"两个方面。在"人"方面，如放任工作人员随意使用车辆，未对工作人员的驾驶资格予以审核等；在"车"方面，如未对车辆的使用采取有效控制措施。在具体责任划分时，应综合用人单位的过错及损害发生的原因力认定用人单位应承担的相应责任。此时，直接侵权人(即擅自驾驶人)与用人单位之间实属《民法典》第一千一百七十二条规定的无意思联络的数人侵权，二者应就超出交强险的损失承担按份赔偿责任。因此，当擅自驾驶行为非属于履行职务行为时，应由擅自驾驶人自行承担超出交强险的赔偿责任；用人单位存在过错时，应当承担相应的赔偿责任。在非履行职务时擅自驾驶机动车，擅自驾驶人与用人单位应按照无意思联络的数人侵权情形，依据各自的过错及原因力承担按份赔偿责任。

第三章
交通事故中受害人维权问题

问题1：
好意同乘发生交通事故致乘客受伤，乘客如何主张权利？

[案例]

2018年8月15日11时19分，在某路段路口，李某驾驶车辆由北向南行驶时，与彭某驾驶的由南向北行驶的车辆发生交通事故，造成李某及乘车人郝某、宋某、彭某、王某受伤，两车损坏。某公安局交警支队于2018年9月29日出具《道路交通事故认定书》，认为李某存在驾驶机动车未按规定让行的违法行为，该行为与本起交通事故发生有因果关系；彭某存在驾驶机动车超速行驶的违法行为，该行为与本次交通事故发生有因果关系；最终确定李某承担同等责任，彭某承担同等责任，郝某、宋某、王某无责任。各方当事人均认可事故责任书的认定。事故发生后，彭某车内乘车人王某被送至医院就医，诊断为脑疝、硬膜下血肿、蛛网膜下腔出血、脑挫伤、肋骨骨折、肺挫伤、胸腔积液、胸椎骨折、脾挫伤、骶骨骨折、耻骨骨折、多发软组织损伤、头皮裂伤。后王某经抢救无效，于2018年8月16日1时死亡。某司法鉴定所接受王某近亲属的委托进行司法鉴定，2018年8月17日出具《司法鉴定意见书》，认定王某符合闭合性颅脑损伤合并创伤性休克死亡。王某的近亲属以《道路交通事故认定书》为依据，起诉要求李某、彭某及保险公司承担赔偿责任。

经审理，一审法院认为，某保险公司在交强险限额范围内承担王某近亲属主张的各项合理损失，超出交强险限额的部分，由李某及彭某按照50%的责任比例分担。一审判决做出之后，彭某不服判决，向上级人民法院提起上诉，并披露王某乘车未系安全带的细节。上级法院经审理认为，彭某驾驶非营运机动车发生交通事故造成无偿搭乘人死亡，鉴于彭某无故意之主观过错，交通事故中亦不存在其单方的重大过失，故应当减轻彭某的赔偿责任。于是，二审法院结合彭某在本次交通事故中的过错程度，判决酌定减轻的赔偿责任限于彭某个人本应承担的责任范围内的20%至30%为宜。

［法律问题］

1. 本案中，彭某是否构成侵权？

2. 本案中，彭某无偿搭载王某同乘出行，是否构成"好意同乘"？

3. 本案中，彭某无偿搭载王某的行为是否能够成为减轻或者免除彭某赔偿责任之事由？

看了就能懂的
法律常识
道路交通
KANLE JIU NENG DONG DE
FALÜ CHANGSHI
DAOLU JIAOTONG

[**法律分析**]

本案中彭某的行为构成侵权。根据《民法典》第一千一百六十五条的规定："行为人因过错侵害他人民事权益造成损害的，应当承担侵权责任。依照法律规定推定行为人有过错，其不能证明自己没有过错的，应当承担侵权责任。"认定是否构成侵权以满足过错、违法行为、损害事实、因果关系等法定要件为基础。本案中，彭某搭载王某的过程中，其作为驾驶人应负有安全注意和谨慎驾驶并将搭乘人运送至目的地的义务。彭某在驾驶过程中违反交通管理法律法规超速行驶，与未让行的来车相撞并最终导致王某死亡，其违法行为存在明显的过错，而该过错与王某死亡之间亦存在一定的因果关系，符合民事法律行为中侵权行为的构成要件。因此，彭某的行为构成侵权。根据《民法典》第一千一百六十五条及《道路交通安全法》第七十六条之规定，其应就侵权行为依法承担本案中保险公司责任限额之外未弥补损失的相应赔偿责任。

本案中，彭某无偿搭载王某同乘出行的行为构成"好意同乘"。"好意同乘"系指日常生活中基于友情或好意，一方让另一方无偿搭乘机动车的情形，其本身是一种情谊行为。情谊行为不以产生受法律约束的意思表示为目的，故其通常可以排除法律规定上的给付义务及违约责任。实践中，对于"好意同乘"的认定一般需要满足系非营运车辆、无偿搭载两个要件。本案中，根据已经认定的事实，彭某在事发时系无偿搭载王某，而且彭某驾驶车辆又系自用而非商业运营，其搭载王某系以助人为初衷而非以牟利为目的，符合"好意同乘"之情形。因此，本案中彭某无偿搭载王某同乘出行的行为构成"好意同乘"。

本案中，彭某无偿搭载王某的行为可以成为减轻彭某赔偿责任的事由，但不能成为彭某免除其责任的事由。首先，根据《民法典》第一千一百七十一条、第一千一百七十二条之规定，二人以上分别实施侵权行为造成同一损害，每个人的侵权行为都足以造成全部损害的，行为人承担连带责任；二人以上分别实施侵权行为造成同一损害，能够确定责任大小的，各自承担相应的责任；难以确定责任大小的，平均承担责任。因此，在导致被侵权人同一损害后果的数个原因中，应当考量各原因对于该损害后果的发生或扩大所发挥的作用力及原因力。因为其能够恰当反映行为人的行为与损害的因果关系的紧密程度，而原因力的大小则取决于各个原因的性质、原因事实与损害的距离以及事实的强度。本案中，王某死亡系李某与彭某双方驾车发生交通事故导致，二者系共同过错。王某死因已由公安机关和医疗机构予以认定，无其自身身体原因导致死亡后果，亦已排除其他外力介入致死之可能，即排除了交通事故之外的其他因素。彭某所指称未系扣安全带之情形由于未经证据证明，亦并未被认定与死亡结果之间存在紧密关联。因此，从纠纷起因、过程、时空关联等均不能认定王某之过错的原因力，亦不能得出存在彭某因王某自身过错而导致免除责任之法定情形；并且即使在无偿搭载的行程中，亦不能减轻驾驶者对他人生命安全的注意义务，故彭某不应因具有好意同乘之行为而免除赔偿责任。其次，根据《民法典》第一千二百一十七条之规定，非营运机动车发生交通事故造成无偿搭乘人损害，属于该机动车一方责任的，应当减轻其赔偿责任，但是机动车使用人有故意或者重大过失的除外。本案中，彭某驾驶非营运机动车发生交通事故造成无偿搭乘人死亡，鉴于彭某无故意之主观过错，交通事故中亦不存在其单方的重大过失，故应当减轻彭某的赔偿责任。

[案例拓展]

　　日常生活中出于情谊缘由而免费搭乘机动车情形愈发常见，而"好意同乘"的驾驶员在提出或者答应搭载他人时，只希望能够帮助他人，并无索取利益的目的，主观上也没有希望受到法律拘束的意思，因此"好意同乘"是好意施惠行为的表现之一。为促进人与人之间的友爱互助，即使施惠人因自己的一般过错造成受惠人损失，也应当减轻或者免除赔偿责任。如果将这种行为与一般的机动车交通事故责任同等苛责，就会抑制救济危困、助人为乐的社会效果，不利于增进社会和谐人际关系的建立。因此，有必要在考量责任承担之时对法益予以再平衡，因为法律的价值判断的意义并不在于简单形成对行为人或被侵权人的过错的司法判断，而在于就其行为所指向的民事责任予以提示和教育。"好意同乘"发生事故时减轻驾驶人责任有利于促进建立和谐的社会环境。

　　《民法典》将"好意同乘"作为减轻驾驶人侵权责任的事由。根据《民法典》的规定，如果驾驶人驾驶非营运车辆好意搭载他人，因为没有尽到谨慎驾驶义务而发生事故，造成搭乘人损害，驾驶人需要承担赔偿责任，但应当减轻。如果驾驶人存在故意或者重大过失的，尽管存在"好意同乘"行为，却不能减轻驾驶人的赔偿责任。比如驾驶人已经预见到自己的驾驶行为可能危害到搭乘人的人身安全，却积极追求或者放任危险发生的，或存在违反《道路交通安全法》的严重行为，就不能减轻其责任。此外，根据《民法典》第一千一百七十三条的规定，被侵权人对同一损害的发生或者扩大有过错的，可以减轻侵权人的责任。具体而言，如果搭乘人对于损害的发生有过失的，法院就应当依据一定的标准适用过失相抵原则，在双方当事人间分配损害赔偿责任。

　　"好意同乘"值得提倡和鼓励，但是驾驶人和乘车人都应提高自己的交通安全意识。驾驶员在行车过程中应当遵守交通规则，规范驾驶操作；乘车人要有安全意识，搭乘符合安全标准的车辆，尽到谨慎注意义务，在乘车时系好安全带，下车时注意过往行人和车辆。在发生交通事故致损害发生时，乘车人有权向搭乘车辆的驾驶人及造成本次交通事故的责任人请求损害赔偿。

问题2：
乘客在客运过程中受伤，该如何主张权利？

[案例]

　　2014年11月28日14时左右，张某乘坐某公交公司所属的公交车准备到站下车，从车内倒数第二排座椅上起身站立时，该车的驾驶员程某突然刹车，张某背对车行方向摔倒在车前部的发动机台子上。随后，程某驾驶该车将张某送至医院接受治疗。张某的伤情经诊断为胸12椎体压缩性骨折，腰1、2、3、4椎体左侧横突骨折，于2015年3月15日出院，住院107天。经委托，2015年8月15日，某司法鉴定中心出具《司法医学鉴定意见书》，张某伤情构成十级伤残，伤后5个月医疗终结，营养期2个月，住院期间1人护理，出院后无须护理。事故发生后，张某与某公交公司就损害赔偿协商不一致，张某向人民法院提起诉讼。某公交公司辩称驾驶员的急刹车是为了紧急避险，只提供了程某的当庭证言。

　　经审理，一审法院认为，张某乘坐某公交公司运营的公交车辆出行，双方形成旅客运输合同关系，车辆在行驶过程中，因急刹车造成张某摔倒受伤，故而张某的损害应由某公交公司承担赔偿责任。一审判决做出后，某公交公司不服一审判决，向上级人民法院提起诉讼。上级人民法院经审理，认为一审判决认定事实正确，判决驳回上诉，维持原判。

[法律问题]

张某在客运过程中受伤致损，应向哪个主体主张维权呢？

[法律分析]

张某在客运过程中受伤致损应向某公交公司主张维权。根据《民法典》第八百二十三条的规定："承运人应当对运输过程中旅客的伤亡承担赔偿责任；但是，伤亡是旅客自身健康原因造成的或者承运人证明伤亡是旅客故意、重大过失造成的除外。"本案中，车辆在行驶过程中，因急刹车造成张某摔倒受伤，张某提起合同违约之诉，有权选择符合自身的赔偿标准主张权益，其主张符合有关法律规定。某公交公司违反了安全运送旅客的合同义务，对张某由此产生的合理损失应当承担赔偿责任。某公交公司辩称驾驶员的急刹车是为了紧急避险，只提供了程某的当庭证言，并无其他证据予以佐证，且张某亦不予以认可。另外，某公交公司辩称张某事发时站立，存在一定过错。这些主张既不符合旅客自身健康原因，也不符合旅客故意或重大过失，不属于承运人排除责任承担的情形。

[案例拓展]

实践中，除了上述因承运人的不当操作造成乘客受伤之外，还存在乘客乘坐客运车辆，因客运车辆发生意外事故或者与其他车辆之间发生交通事故，使乘客遭受损失的情形。对于乘客而言，其权利应分不同情形来主张。

第一种情形是，因客运车辆发生意外翻沉、与山体等撞击而发生交通事故。鉴于乘客与承运人之间存在客运合同关系，适用《民法典》第八百二十三条的规定，除伤亡是因乘客故意或重大过失造成的之外，承运人应承担全部损害赔偿责任。乘客作为原告起诉的，应以承运人为被告。在这种情况下，乘客与承运人之间属于合同纠纷，无须公安机关现行处理，乘客有权直接起诉。第二种情形是，因客运车辆与其他车辆发生碰撞等交通事故致乘客遭受损失的，乘客可以基于与承运人之间存在客运合同关系，不经公安机关处理，直接单独起诉承运人，要求承运人承担自己的全部损失。承运人赔偿乘客损失后，可以起诉对方车辆的所有人或管理人，要求其根据过错承担相应的赔偿责任。乘客也可以基于承运人与对方车辆对自己共同侵权的事实，以承运人和对方车辆为共同被告提起侵权赔偿诉讼。乘客以此种方式起诉的，应当先经过公安机关处理；否则，人民法院不予受理。需要特别注意的是，在乘客与承运人之间既存在客运合同关系，又存在侵权关系的情况下，根据《民法典》第一百八十六条之规定，因当事人一方的违约行为，损害对方人身权益、财产权益的，受损害方有权选择请求其承担违约责任或者侵权责任。具体而言，受害人只能依据客运合同关系追究承运人违约责任和依据侵权法律关系追究侵权人侵权责任中选择其一，而不能同时主张两种权利。其在起诉时做出选择，在一审开庭以前又变更诉讼请求的，人民法院是允许的。

乘客也可依据《中华人民共和国消费者权益保护法》（以下简称《消费者权益保护法》）名义起诉索赔。根据《消费者权益保护法》第四十九条的规定，经营者提供商品或者服务，造成消费者或者其他受害人人身伤害的，应当赔偿。医疗费、护理费、交通费等为治疗和康复支出的合理费用，以及因误工减少的收入。造成残疾的，还应当赔偿残疾生活辅助器具费和残疾赔偿金。造成死亡的，还应当赔偿丧葬费和死亡赔偿金。因此，若乘客受伤，作为消费者可以向公交公司提起诉讼，要求赔偿人身损害。如果受伤很严重，除了神经受伤，其他都应在三个月内去司法鉴定部门做伤残鉴定。只有做了伤残鉴定，才能拿到《消费者权益保护法》所规定的一次性生活补助费和残疾赔偿金。需要注意的是，此类案件是有诉讼时效的。按照人身损害赔偿有关法律规定，为出院或者伤残鉴定后一年内，按照《消费者权益保护法》则为两年。因此，在公交车等公共交通工具上发生的人身伤害赔偿有其独特的法律特征，受害人应该综合考虑，选择最有利于自己的诉讼方式，最大限度地维护自己的合法权益。

综上，提供安全舒适的乘车环境是公交公司（客运公司）管理者与司乘人员责无旁贷的使命。如果乘客在车上发生由于车辆运行而导致的意外事故，不管是人身伤害还是财产损失，公交公司或者客运公司都有着不可推卸的责任。一旦发生人身伤害和财产损失，证据的保留是受害人首先要考虑的问题，因为证据是将来对损害事实如何确定、责任如何承担至关重要的依据。有很多乘客因为损害发生后当时感觉伤情不是很严重，没有取证就离开，结果事后不久伤情加重，再要求客运公司赔偿就会遇到很大的困难，因为事后无法证明受伤者的伤情和当时的意外有因果关系。如果发生伤害，有条件的应马上报警，无论伤害大小，有交警出具的笔录，其证明力是具有法律效力的；如果没有条件报警，一定要有周围的乘客出面做证，最好两位以上，留下证人的联系电话，以方便将来产生纠纷可以出面做证；并保留好车票，记下公交车车号及驾驶员驾驶证号。像火车、飞机、轮船上一般都有警务人员，最好在第一时间通知警务人员处理。另外，乘坐出租车发生意外，最好是报警处理。需明确，车票是证明双方承运合同成立的最直接证据。

问题3：
交通事故中，医疗过错介入下的受害人如何主张权利？

[案例]

2017年4月23日9时许，陈某乘坐登记在某客运公司名下的大型客车外出。该车行驶至某公路路口时，与张某驾驶的货车相撞，造成陈某等人受伤、财物损坏的交通事故。后某公安局交通警察支队出具《道路交通事故认定书》，认定由大型客车驾驶员马某负事故全部责任，陈某无责任。陈某受伤后，先后多次到多家医院救治，住院治疗时间长达759天，期间由1人陪护，共支付医疗费用428559.25元。双方因赔偿问题协商不成，陈某向人民法院提起诉讼，主张由某客运公司承担对其造成的损害赔偿责任。某客运公司则主张某医院在诊疗过程中存在过错，主张医院方与自己共同承担赔偿责任。

经审理，一审法院认为，因某客运公司未能提供证据证明医院在对陈某的诊疗过程中存在过错，故而应由某客运公司就陈某的损失承担全部赔偿责任。一审判决做出后，某客运公司不服，向上级人民法院提起上诉。经上级人民法院审理，二审查明事实和证据与一审一致，上诉人的上诉请求不能成立，故判决驳回上诉，维持原判。

[**法律问题**]

1. 本案中，某客运公司是否有权主张医院与其共同承担赔偿责任？

2. 本案中，受害人陈某应如何正确维护自己的合法权益？

[**法律分析**]

陈某仅起诉某客运公司主张损害赔偿责任，在某客运公司有证据证明医疗活动存在过错的情形下，可以向人民法院主张追加医疗机构为共同被告共同承担损失赔偿责任。根据《民法典》第一千一百七十二条之规定："二人以上分别实施侵权行为造成同一损害，能够确定责任大小的，各自承担相应的责任；难以确定责任大小的，平均承担责任。"具体而言，本案中的受害人陈某向人民法院起诉某客运公司承担损害赔偿责任，根据侵权责任的一般规定，如果某客运公司存疑某医院的诊疗活动存在过错，就可以申请司法鉴定。经鉴定后认定某医院对陈某的诊疗活动存在过错的，人民法院应依职权追加某医院为共同被告；人民法院未依职权追加的，某客运公司可以向人民法院申请追加医院为共同被告与其共同承担赔偿责任。

本案中，陈某作为受害人，维护权益的途径有多种。首先，陈某可以作为乘客，基于运输合同关系请求某客运公司就其损害承担赔偿责任。其次，陈某也可以作为受害人，基于道路交通事故纠纷向肇事车辆请求就其损害承担赔偿责任。除此之外，如果陈某认为医院在诊疗过程中存有过错，也可以基于医疗事故纠纷，请求医院承担其该承担的赔偿责任。

[案例拓展]

随着我国道路交通事故数量的逐年上升，医院在抢救伤员的过程中发生医疗事故的情形也逐渐多见。交通事故与医疗事故属于两种独立的侵权行为，存在着诸多差异。当两起事故的主体对同一受害人先后侵权时，受害人该如何维护自身的合法权益呢？在道路交通事故中，对于机动车交通事故的受害人而言，交通事故导致了人身损害，其在接受治疗的过程中再次遭遇医疗损害，相当于分别遭受两次侵权，侵权人分别是肇事方和存在医疗过错的医院。当肇事方与存在医疗过错的医院构成共同侵权时，受害人可以要求双方承担相应的过错责任。首先，根据相关法律法规的规定，二人以上分别实施侵权行为造成同一损害的，能够确定责任大小的，各自承担相应的责任，难以确定责任大小的，平均承担赔偿责任。其次，有相关法律规定，二人以上没有共同故意或共同过失，但其分别实施的数个行为间接结合发生同一损害后果的，应当根据过失大小或者原因力比例各自承担相应的赔偿责任。因此，肇事方与存在医疗过错的医院之间不存在共同侵权的故意或过失，但前后两个侵权行为间接结合，共同导致受害人人身损害这一后果，故而肇事方与存在医疗过错的医院构成共同侵权，受害人可以要求他们分别承担相应的过

看了就能懂的
法律常识
道路交通
KANLE JIU NENG DONG DE
FALÜ CHANGSHI
DAOLU JIAOTONG

错责任。

在交通事故中，肇事方与存在医疗过错的医院构成共同侵权的情况下，当受害人仅起诉肇事方时，肇事方是否可以申请追加存在医疗过错的医疗机构作为共同被告来承担其相应的赔偿责任呢？司法实践中，通常受害人考虑医疗损害赔偿诉讼周期长、鉴定程序复杂，或者因为未能想到医院存在过错，往往会仅起诉肇事方要求赔偿。在这种情形下，根据《道路交通事故司法解释》第二条的规定：如果能够明确医院在受害人的治疗过程中存在过错，而受害人没有起诉医院，法院也未依职权追加的，肇事方可以根据相关法律法规的规定申请追加医院为共同被告。但如果肇事方仅仅是怀疑，而没有确切的证据证明医院的治疗行为存在过错，就应当及时申请委托司法鉴定，明确受害人治疗期间医院在治疗过程中有无医疗性过错、这种过错与受害人的损害结果之间是否存在因果关系以及参与度大小，否则肇事方将面临不利的后果。

实践中，受害人在维权过程中经常会因分别起诉各方当事人而遇到重复起诉的问题，即受害人以医疗损害责任纠纷为案由起诉存在医疗过错的医疗机构赔偿损害，经调解或者判决结案，受害人的损失得到了部分赔偿之后，受害人又以交通事故责任纠纷对肇事方提起诉讼，要求赔偿损失。根据相关法律之规定，当事人就已经提起诉讼的事项在诉讼过程中或者裁判生效后再次起诉，同时符合后诉与前诉的当事人相同、后诉与前诉的诉讼标的相同、后诉与前诉的诉讼请求相同或者后诉的诉讼请求实质上否定前诉的裁判结果的，构成重复起诉。因此，受害人在维权过程中分别起诉各方当事人，诉讼标的、当事人等应均不相同，避免构成重复起诉。

问题4：
交通事故中受害人身体状况能否减轻或免除侵权人的赔偿责任？

[案例]

2016年9月7日13时许，曾某驾驶小型轿车行至某高速出口路段左转弯时未注意查看周边路况，碰撞到刘某驾驶的无牌助力车，造成刘某受伤及车辆损坏的交通事故。某公安局交通警察支队出具《道路交通事故认定书》，认定：曾某负本事故的全部责任，刘某在本事故中无责任。事故发生后，刘某被送往医院接受治疗。经曾某申请，法院委托某司法鉴定所就刘某的伤情及身体状况进行鉴定。某司法鉴定所出具《鉴定意见书》：刘某损伤评定为二级伤残，外伤参与度评定为50%；刘某护理依赖程度评定为大部分护理依赖；刘某护理期限评定为20年；刘某劳动能力丧失程度评定为完全丧失劳动能力。

现刘某与曾某就损害赔偿问题未协商一致，向人民法院提起诉讼。曾某认为依据某司法鉴定所出具的《鉴定意见书》可得出刘某既往已存在残疾，伤残等级交通事故外伤参与度50%的结论，因此刘某的伤残并非完全由交通事故外伤导致，应减轻自身50%的赔偿责任。刘某则认为，本次交通事故是造成其脊髓损伤截瘫的直接原因，事故前刘某属于正常状态，个人身体状况不能成为曾某减少赔偿责任的理由。案件经两级人民法院的审理，曾某主张的"刘某自身存在的疾病应减轻曾某50%的责任承担"的问题，均未得到人民法院的支持。

[法律问题]

本案中，受害人的身体状况不良，是否可以减轻或者免除侵权人的赔偿责任？

[法律分析]

本案中受害人的身体状况差，不能减轻或者免除侵权人的赔偿责任。对于侵权责任的承担及其分担原则，根据《民法典》第一千一百六十五条的规定："行为人因过错侵害他人民事权益造成损害的，应当承担侵权责任。依据法律规定推定行为人有过错，其不能证明自己没有过错的，应当承担侵权责任。"根据《民法典》第一千一百七十三条的规定，被侵权人对同一损害的发生或者扩大有过错的，可以减轻侵权人的责任。对于机动车交通事故的责任承担，《道路交通安全法》第七十六条第一款第一项规定，机动车发生交通事故造成人身伤亡、财产损失的，由保险公司在机动车第三者责任强制保险责任限额范围内予以赔偿；不足的部分，按照下列规定承担赔偿责任：机动车之间发生交通事故的，由有过错的一方承担赔偿责任；双方都有过错的，按照各自过错的比例分担责任。

本案中，根据《道路交通事故认定书》的认定，曾某对交通事故的发生负全责，而刘某对事故的发生无责任。也就是说，刘某对本案交通事故的发生不存在过错。根据上述相关法律规定，本案不存在因受害人自身的过错减轻侵权人责任承担的情形。对于曾某所主张的"刘某自身存在疾病应减轻曾某50%的责任承担"问题，虽本案事故发生前刘某自身存在疾病，客观上对事故发生造成的损害后果具有一定的影响，但并不能据此认定二者之间存在法律上的因果关系，且我国相关立法并未将受害人自身疾病这一客观因素作为减轻侵权人责任承担的判断因素，现有立法仍是将受害人的主观过错作为减轻侵权人责任承担的判断依据。对此，最高人民法院于2014年1月29日发布的指导案例24号"荣宝英诉王阳、永诚财产保险股份有限公司江阴支公司机动车交通事故责任纠纷案"中亦进一步明确了"交通事故的受害人没有过错，其身体状况对损害后果的影响不属于可以减轻侵权人责任的法定情形"的裁判规则。因此，曾某关于侵权人仅应按50%比例承担侵权责任主张于法无据，不应予以支持。所以，本案中受害人的身体状况不能减轻或者免除侵权人的赔偿责任。

[案例拓展]

当前，在涉及机动车交通事故案件的审判实践中，若受害人身体状况对交通事故的损害后果产生一定影响，一般通过司法鉴定来确定因交通事故导致的外伤与其损害后果之间的因果关系。侵害人往往要求受害人自行承担其因自身身体状况导致损害后果加重的部分赔偿金额，这种做法既不合法也不合理。

  首先，《民法典》第一千一百七十三条规定，被侵权人对同一损害的发生或者扩大有过错的，可以减轻侵权人的责任。这里的"过错"指的是行为人在主观上的故意或者过失，是一种主观的心理状态。就上述案例而言，经交警部门认定，受害人刘某不承担本次道路交通事故的责任，侵害人曾某承担本次道路交通事故的全部责任。虽然受害人刘某的个人身体状况对损害后果的发生具有一定的影响，但这并不属于法律规定的"过错"情形，刘某不应因个人身体状况对交通事故造成的损害后果存在一定影响而自负相应的责任。

  其次，从道路交通事故受害人发生损害及其造成损害后果的因果关系方面来看，在这起道路交通事故责任认定中刘某不负本次事故的责任，对事故的发生及损害后果的造成均无过错，身体状况仅是事故造成后果的客观因素，并无法律上的因果关系。因此，受害人刘某对于损害的发生或者扩大没有过错，不存在减轻或者免除侵权人赔偿责任的法定情形。

最后，根据我国《道路交通安全法》的相关规定，机动车发生交通事故造成人身伤亡、财产损失的，由保险公司在机动车第三者责任强制保险责任限额范围内予以赔偿。我国《交强险条例》并未规定在确定交强险责任时应依据受害人身体状况对损害后果的影响做相应扣减，保险公司的免责事由也仅限于受害人故意造成交通事故的情形，即便是投保机动车无责，保险公司也应在交强险无责限额内予以赔偿。因此，对于受害人符合法律规定的赔偿项目和标准的损失，均属于交强险的赔偿范围，参照"损伤参与度"确定损害赔偿责任和交强险责任均没有法律依据。

综上所述，受害人的身体状况不能减轻或者免除侵权人的赔偿责任，除非受害人对道路交通事故的发生存在主观故意或者重大过失，才能减轻或者免除侵权人的赔偿责任。

问题5：
受害人在交通事故中死亡，可否由其近亲属或
共同生活的亲属主张相关权利？

[案例]

2017年2月28日14时左右，汪某（1943年3月7日出生，务农）在某高速公路的某路段与刘某驾驶的重型货车发生交通事故，造成汪某死亡。肇事车辆系某公司所有，刘某系某公司聘请的司机。该肇事车辆在某保险公司投保了机动车第三者责任强制险和不计免赔的保险金额50万元的机动车第三者责任商业保险，且事故发生在保险期内。该事故经某高速公路警察总队处理认定，汪某承担主要责任，刘某承担次要责任。欧某的母亲（1981年去世）系汪某的姐姐，且系同村村民，因汪某一直未婚，在其父母去世后独自生活。后汪某因年事已高无劳动能力，于2006年2月起一直随着欧某及其家人共同生活，并由欧某及其家人扶养。2016年7月，欧某及其家人将汪某送至某福利院代养，欧某与福利院签订代养协议一份，并支付代养费用3000元。汪

某因交通事故死亡后由欧某及其家人处理其后事并及时进行安葬。事故发生后，在协商赔偿事宜时，几方对欧某是否可以成为赔偿权利人产生争议。

经人民法院审理，法院认为交通事故的死者汪某生前一直未婚，欧某是其唯一的外甥，且汪某年龄较大丧失劳动能力后就与欧某自2006年2月共同生活直至发生交通事故死亡。尽管汪某因交通事故死亡系在某福利院生活期间发生，但其在某福利院生活期间的费用系欧某支付的，欧某已对汪某扶养十余年，故欧某系与汪某形成扶养关系的近亲属，且汪某因交通事故死亡后由欧某及其家人进行安葬。所以，法院认为欧某作为受害死者唯一的外甥且对死者扶养十余年，可以作为近亲属向侵权人提起民事赔偿诉讼。

[法律问题]

本案中，欧某系受害人汪某的外甥，其作为原告主张侵权人承担赔偿责任是否适格？

[法律分析]

欧某作为原告向侵权人主张赔偿责任的主体资格适格。根据《民法典》第一千一百八十一条的规定："被侵权人死亡的，其近亲属有权请求侵权人承担侵权责任。被侵权人为组织的，该组织分立、合并的，承继权利的组织有权请求侵权人承担侵权责任。被侵权人死亡的，支付被侵权人医疗费、丧葬费等合理费用的人有权请求侵权人赔偿费用，但是侵权人已经支付该费用的除外。"根据《民法典》第一千零四十五条的规定："亲属包括配偶、血亲和姻亲。配偶、父母、子女、兄弟姐妹、祖父母、外祖父母、孙子女、外孙子女为近亲属。配偶、父母、子女和其他共同生活的近亲属为家庭成员。"本案中，根据已经查明的事实，汪某自2006年2月起一直随欧某及其家人共同生活，并由欧某及其家人扶养。虽然2016年7月，欧某与某福利院签订代养协议，欧某及其家人将汪某送至某福利院代养，但是本案的交通事故发生于代养期间，且该期间的代养费用系由欧某支付。因此，汪某与欧某及其家庭成员之间形成了事实上的扶养关系和家庭成员共同利益关系。这种甥舅组成的特殊扶养关系和家庭关系符合社会主义道德和维护社会和谐的要求，法律应当保护和承认这种事实上的扶养关系和家庭成员共同利益关系。同时，这种关系持续时间长达十余年，故无论是从物质帮助、生活照料，还是精神慰藉层面，都应当认定外甥欧某对汪某尽到了主要扶养义务。虽然汪某不是欧某的近亲属，但汪某主要依靠欧某生活多年，欧某在物质帮助、生活照料等方面投入了大量的财力和人力。根据权利义务相对等原则，在汪某因交通事故死亡后，作为汪某共同生活的亲属，欧某有权向侵权人主张相关的权利，不能仅仅因为欧某不是汪某的近亲属而否定欧某已经承担的主要扶养义务，也不能仅仅因为欧某不是汪某的近亲属而否定其诉讼主体资格进而变相免除侵权人应当承担的侵权责任。因此，本案中欧某作为原告向侵权人主张赔偿责任适格。

[案例拓展]

伴随着车辆数量剧增，不同程度的交通事故也愈发频繁。发生交通事故后，受害人的权益由赔偿权利人向侵权人主张。赔偿权利人是指因侵权行为或者其他致害原因直接遭受人身或者财产损害的受害人、依法由受害人承担扶/抚养义务的被扶/抚养人以及死亡受害人的近亲属。严重的交通事故可能造成受害人死亡的严重后果，受害人因交通事故死亡之后，根据《民法典》第一千一百八十一条的规定，其近亲属有权请求侵权人承担侵权责任。近亲属的范围《民法典》第一千零四十五条给予了明确规定。需要注意的是，与受害人形成事实上抚/扶养关系或者家庭成员关系的亲属，属于《人身损害赔偿司法解释》第一条规定中的"赔偿权利人"，即因侵权行为或者其他致害原因直接遭受人身损害的受害人以及死亡受害人的近亲属，可以依法向侵权人主张侵权责任的承担。

因交通事故引发的人身损害赔偿纠纷和机动车强制责任保险纠纷案件中，受害人无近亲属或者近亲属不明时，实践中通常由政府民政部门等机关或者有关组织作为原告提起民事诉讼，主张赔偿义务人给付死亡赔偿金。未经法律授权的有关机关、社会组织不是相关民事案件的适格诉讼主体，其起诉人民法院应当依法驳回，不予受理。法院职责是依法裁判案件，在没有法律明确授权的情况下，不能受理此类案件。

在发生重大交通事故的时候，无论是受害人还是责任人，都有可能受到严重损害甚至死亡。如果受害人在清醒之后找责任人赔偿，但是责任人已经死亡的，这种情形应如何获得赔偿呢？交通事故责任人死亡，如果有保险，保险公司在交强险或责任险范围内进行赔偿。如果车辆所有人与事故责任人不是同一人，车辆所有人存在过错，那么他也是赔偿责任人。如果车辆所有人与事故责任人为同一人，则其个人遗产可用来赔偿。如交通事故责任人死亡，其遗产继承人不放弃继承权，遗产继承人可作被告，但仅在其所继承财产的额度内承担责任。如遗产继承人放弃或丧失继承权，因没有遗产可继承，遗产继承人不能作被告承担赔偿责任。

问题6：
交通事故案件中双方私下达成赔偿协议以后，还可以反悔吗？

[案例]

2017年2月13日18时10分许，刘某驾驶电动车由南向北行驶至某路口时，被胡某驾驶的由东向北右转弯的小客车撞伤。事故中，刘某车辆、手机受损。该事故经过某公安局交警支队认定，胡某负全部责任，刘某无责任。某保险公司为肇事车辆承保了交强险及保险限额为15万元的第三者商业责任险。事故发生后，刘某被送往某医院急诊抢救中心，主要诊断为脑外伤后神经损伤、全身多处软组织损伤。刘某自2017年2月13日至2017年2月20日在该医院住院治疗，共计7天，并发生医药费7172.87元。2017年5月10日，胡某与刘某签订道路交通事故损害赔偿协议书，协议内容为：经双方友好协商胡某一次性赔偿刘某医疗费、误工费、护理费等一切人伤损失共计12172.37元，事故关系了结，以后互不相扰。2017年6月，刘某收到某保险公司赔付人身损害赔偿金12172.37元。事故发生后，刘某于2017年4月11日在某医院诊断为踝关节扭伤，同日在某骨伤专科医院诊断为踝挫伤；2017年5月，在北京某医院诊断为韧带撕裂合并踝管综合征；2017年7月28日，在安徽某医院诊断为右侧内踝韧带撕裂。这些诊断均有医疗票据为证，证明事故发生后刘某出现新的伤情，导致医疗费用增加。现刘某与胡某就损害赔偿问题协商不一，刘某向人民法院提起诉讼，主张协议中"事故关系了结，以后互不相扰"的约定为格式条款应无效，请求撤销赔偿协议，请求胡某承担本次交通事故所造成的全部损失。

经人民法院审理，认为该协议系刘某与胡某自愿签署，系双方真实意思表示，且未违反法律相关规定，应属有效。

[法律问题]

1. 本案中，刘某与胡某之间达成的交通事故损害赔偿协议书是否具有法律效力？
2. 刘某对于交通事故损害赔偿协议有异议，应如何合理维权？

[法律分析]

本案中，刘某与胡某之间达成的交通事故损害赔偿协议书具有法律效力。根据《民法典》第一百四十三条的规定，行为人具有相应的民事行为能力，在意思表示真实，不违反法律、行政法规的强制性规定，不违背公序良俗的情形下的民事法律行为具有法律效力。假如刘某主张双方签订的赔偿协议书是在欺诈、乘人之危的情形下签订的，不是其真实意思的表示，那么，根据《民法典》中民事法律行为效力的相关规定，一方以欺诈、胁迫的手段或者乘人之危，使对方在违背真实意思的情况下订立的合同，受损害方有权请求人民法院或者仲裁机构变更或者撤销。一方当事人故意告知对方虚假情况，或者故意隐瞒真实情况，诱使对方当事人做出错误意思表示的，可以认定为欺诈行为。乘人之危是指一方当事人趁对方处于危难之机，为牟取不正当利益，迫使对方做出不真实的意思表示，严重损害对方利益。根据《中华人民共和国民事诉讼法》（以下简称《民事诉讼法》）及其相关司法解释的规定，当事人对自己提出的诉讼请求所依据的事实或者反驳对方诉讼请求所依据的事实，应当提供证据加以证明。在做出判决前，当事人未能提供证据或者证据不足以证明其事实主张的，由负有举证证明责任的当事人承担不利的后果。刘某作为一名具备完全民事行为能力的成年人，其在签订协议时应当尽到一定的注意义务，并对协议内容及后果具备一定预见能力。刘某在事故发生后三个月与胡某达成赔偿协议，此时其对自己的伤情已有了全面、正确的认识，故赔偿协议系在刘某能预见伤情及相应损失的情况下签订，并不存在重大误解、显失公平等情形。故刘某与胡某之间达成的交通事故赔偿协议书具有法律效力。

本案中，刘某对于交通事故损害赔偿协议有异议，应当先与胡某协商解决；协商不成的，可以向人民法院或者仲裁机构申请撤销。刘某在行使撤销权时，应根据《民法典》第一百五十二条规定，在法律规定时限内行使撤销权，否则撤销权消灭。依据"谁主张，谁举证"的原则，刘某对于交通事故损害赔偿协议有异议并主张撤销时，该举证证明责任应由刘某承担，刘某未能举证证明或举证不能时需要承担不利的法律后果。

[案例拓展]

实践中，交通事故发生后，为了高效便捷地解决纷争，很多人会选择私下签订和解协议。协议签订后，一旦出现反悔、不配合履行义务或其他异议，就很容易产生纠纷。受害人如果对事故发生后双方私下签订的协议有异议，应如何主张权利，可以从以下几方面进行分析：

1. 关于双方私下签订的和解协议的性质

和解协议相当于合同，符合合同生效要件的协议便有效。具体而言，要求签订的主体合格、协议内容合法并且经双方协商同意（自愿），在此前提下签订的和解协议即具有法律效力。协议签订后，协议双方便应受协议条款的约束，履行协议约定的各自义务并享有相应的协议权利。

2. 关于和解协议的效力

如果受害人对协议的效力有异议，可以依据我国《民法典》第一百四十四条至一百五十一条的规定主张合同无效或撤销合同。具体而言，《民法典》规定无民事行为能力人实施的民事法律行为无效；限制民事行为能力人实施的民事法律行为效力待定；行为人以虚假意思表示实施的民事法律行为无效；行为人实施的重大误解、欺诈、胁迫、显失公平的民事法律行为可以撤销。需要注意的是，根据我国《民事诉讼法》相关司法解释的规定，当事人对自己提出的诉讼请求所依据的事实或者反驳对方诉讼请求所依据的事实，应当提供证据加以证明。在做出判决前，当事人未能提供证据或者证据不足以证明其事实主张的，由负有举证责任的当事人承担不利的后果。因此，受害人若以合同无效或因重大误解、显失公平主张撤销合同，需要向法院提供足以证明上述事实的相关证据，否则要承担举证不能的不利后果。

3. 关于撤销权的行使

即使受害人知道或应当知道协议存在上述可撤销情形，其撤销权的行使也并非毫无限制。根据《民法典》第一百五十二条之规定："有下列情形之一的，撤销权消灭：（一）当事人自知道或者应当知道撤销事由之日起一年内、重大误解的当事人自知道或者应当知道撤销事由之日起九十日内没有行使撤销权；（二）当事人受胁迫，自胁迫行为终止之日起一年内没有行使撤销权；（三）当事人知道撤销事由后明确表示或者以自己的行为表明放弃撤销权。当事人自民事法律行为发生之日起五年内没有行使撤销权的，撤销权消灭。"法律之所以做出这样的限制，是因为合同的撤销权往往只涉及合同当事人一方意思表示不真实的问题。如果当事人自愿接受此种合同后果，则法律会让此种合同维持有效的状态。由此，具有撤销权的当事人自知道或应当知道撤销事由之日起在法律规定时限内没有行使撤销权的，其撤销权消灭。

4. 关于格式条款的解读

在本案中，刘某主张赔偿协议中"事故关系了结，以后互不相扰"的约定免责条款系格式条款应属无效。格式条款是当事人为了重复使用而预先拟定，并在订立合同时未与对方协商的条款。其具备两个鲜明的特点，一是格式条款是一方预先拟制的，二是不与合同相对方进行磋商。格式条款在社会交易中被普遍使用，大多用于保险合同、航空货旅客运输合同、供电供热合同等。但是本案中的协议本身为本次交通事故

所制定，协议本身也系双方共同协商一致的结果，其中关于"事故关系
了结，以后互不相扰"的约定系双方当事人就事故赔偿的协商内容，既
非一方当事人重复使用亦非预先拟定，故并不属于法律规定的格式条
款，刘某的该项主张是缺乏法律依据的。

第四章
交通事故中保险理赔问题

问题1：
交通事故中的"本车人员"与"第三者"如何区分？

[案例]

2017年9月7日20时55分，张某驾驶重型自卸货车在行驶过程中，与停靠在路边、由杨某驾驶的中型自卸货车发生碰撞，当时杨某已从驾驶室下来站在车厢尾部。本次事故造成了两车不同程度受损、杨某当场死亡的严重后果。2017年11月13日，某公安局交通警察支队出具《道路交通事故认定书》，认定张某与杨某承担事故同等责任。张某驾驶的重型自卸货车属某运输公司所有，在某保险公司购买了交强险和商业第三者责任保险100万（含不计免赔），事故发生在保险有效期间内。杨某驾驶的中型自卸货车登记车辆所有人为黎某，在某华安公司购买了交强险和商业第三者责任保险100万（含不计免赔），事故发生在保险有效期内。张某受雇于某运输公司，事故发生时，张某正在为某运输公司执行运输任务，其从业资格证在有效期内。事故发生后，张某向杨某方垫付了41433元丧葬费。杨某与朱某系夫妻关系，共生有3名子女，即长子杨某1、长女杨某2、次子杨某3，黄某系杨某的母亲。

事故发生后，关于杨某的损害赔偿问题，各方产生争议。杨某的近亲属向人民法院提起诉讼，请求保险公司与某运输公司就其损害承担赔偿责任。

[法律问题]

本案中，受害人杨某是否可以定为其驾驶车辆的第三者？某华安公司是否应当承担相应的第三者保险责任？

[法律分析]

受害人杨某不可以认定为其驾驶车辆的第三者，某华安公司无须承担相应的第三者保险责任。受害人杨某是在自己驾驶的车辆外遭受张某驾驶的车辆撞击而死，且在本次交通事故中杨某与张某承担事故的同等责任，故张某和杨某应分别承担本次事故50%的民事赔偿责任。关于杨某自行承担的50%的赔偿责任，是否可以因交通事故发生之时杨某在被保险车辆之外而主张某华安公司承担赔偿责任呢？根据《交强险条例》第三条规定，交强险适用的对象为本车人员、被保险人（投保人及其允许的合法驾驶人）以外的人。根据实践，本车人员包括驾驶人、投保人、被保险人及乘客四类人。杨某在事故发生时虽已从车上下来，但其作为中型自卸货车的驾驶人，对车辆有一定的控制能力，应当属于本车人员；同时，杨某作为该车辆投保人允许的合法驾驶人，也符合被保险人的形式条件，故杨某应被排除在交强险的赔付对象之外。杨某作为该车辆投保人允许的合法驾驶人，属于被保险人的范围，其发生事故时不存在转化为第三者身份问题，不属于交强险赔付对象。此外，对于本车人员或被保险人转化为第三人的问题，我国司法实践中确实存在类似的情形，但认定条件较为严格。对于车上的乘坐人员，由于该身份是临时且相对的，有可能因特定时空条件的变化而变化，要具体分析保险车辆发生意外事故这一特定时间内乘车人的身份。对于类似本案中的驾驶人，其作为车辆的实际控制人，其本人应当承担车辆的风险而非其他任何人，驾驶人身份并不因其物理位置的临时变化而变化。故杨某作为其驾驶车辆投保人允许的合法驾驶人，属于被保险人的范围，其发生交通事故时不具备转化为第三者身份的条件，其受到的损害是张某驾驶的车辆的直接撞击所致，与其本人所驾驶车辆无关，不属于本车交强险的赔付对象。

因此，对于本案中要求某华安保险公司在交强险和商业第三者责任保险内承担赔偿责任的主张，不应予以支持。杨某作为中型自卸货车的驾驶人，在事故发生时虽已从车上下来，但其不属于转化为第三者的情形，且其受到的损害是张某驾驶的车辆直接撞击所致而非因其本人所驾驶车辆的撞击，故承保中型自卸货车的某华安保险公司无须承担相应的第三者保险责任。

[案例拓展]

交通事故中，严格区分"本车人员"与"第三者"是能否请求本车交强险予以赔偿的关键。根据《交强险条例》第三条的规定，机动车交通事故责任强制保险是指由保险公司对被保险机动车发生道路交通事故造成本车人员、被保险人以外的受害人的人身伤亡、财产损失，在责任限额内予以赔偿的强制性责任保险。根据《交强险条例》第二十一条第一款规定："被保险机动车发生道路交通事故造成本车人员、被保险人以外的受害人人身伤亡、财产损失的，由保险公司依法在机动车交通事故责任强制保险责任限额范围内予以赔偿。"这里的"本车人员"是指在机动车交通事故发生时，除本车驾驶员以外的被保险机动车上乘载的人员。因此，根据相关法律法规的规定可知，交强险的赔偿对象仅为被保险机动车造成伤害的第三人，不包含本车人员和被保险人。

　　在明确交强险赔偿对象的范围后，还需要注意"本车人员"与"第三人"的转化问题。机动车交通事故责任强制保险中涉及的"第三人"和"本车人员"是在一个特定时间空间条件下的临时性身份，"第三人"与"本车人员"不是永久的、固定不变的身份，二者可能因为特定

时空条件的变化而出现身份的转化。根据相关规定，"本车人员"是指发生交通事故时身处于被保险车辆之上的人员，故判断因被保险车辆发生意外事故而受害的人属于"第三人"还是"本车人员"，必须以该人在事故发生当时这一特定的时间是否身处被保险车辆之上为依据，在车上为"车上人员"，在车下为"第三人"。至于何种原因导致该人员在事故发生时置身于被保险车辆之下，不影响其"第三人"的身份。"发生交通事故时"属于特定时间节点，仅包括发生交通事故的瞬间，而不能包含交通事故的发生过程及结束时点，即发生交通事故导致车内人员被甩出车外，该受害人仍为"车内人员"，不能因其作为交通事故"被甩出车外"的结果来认为其属于交强险赔偿对象"第三人"。

除此之外，实践中还经常出现"姐妹车"相撞造成财产损失的保险赔偿的情形。交强险和机动车第三者责任保险条款将被保险人所有的财产排除在第三者赔偿范围之外，其目的是防范被保险人故意制造保险事故（诱发道德风险）。然而现实生活中，对于名下有多辆机动车的出租车公司、客运公司、物流公司、家庭而言，如机动车相互碰撞，不区分驾驶员故意还是过失一概不予理赔的做法对被保险人不公。对此情形，驾驶人故意制造保险事故的，保险人可以拒绝承担保险责任；驾驶人过失造成事故，如果保险公司拒绝承担保险责任，则不但保险的保障功能得不到体现，对被保险人也不公平。因此，应区分案件的实际情况对"姐妹车"相撞造成的财产损失是否赔偿进行认定，不能一概而论。

综上所述，根据《交强险条例》第二十一条第一款的规定，被保险机动车发生道路交通事故造成本车人员、被保险人以外的受害人人身伤亡、财产损失的，由保险公司依法在机动车交通事故责任强制保险责任限额范围内予以赔偿。在确定保险公司是否在交强险限额范围内承担赔偿责任问题时，仅需确定受害人是否为"本车人员"。如果是本车人员，则保险公司无须承担交强险限额内的赔偿责任，否则为"第三人"，保险公司便需要在责任强制保险限额范围内承担赔偿责任。

问题2：
未投保交强险的机动车发生交通事故，交强险范围内的责任应由谁承担？

[案例]

2017年4月26日17时许，陈某驾驶某重型自卸货车在某路段启动车辆向前行进时，将行人徐某剐带倒地，造成徐某受伤。事故发生后，陈某驾车驶离现场，后又返回现场。某公安局交通警察支队出具了事故证明，未划分责任。事故发生后，徐某在某医院接受治疗22天，其伤情被诊断为：右侧多发肋骨骨折、双侧血胸、脑外伤后神经损伤、多发软组织损伤、左手挫伤。该院建议出院后休息2个月，不适随诊。某司法鉴定所于2017年12月7日出具《司法鉴定意见书》，鉴定意见为：被鉴定人徐某右侧四肋以上骨折畸形愈合，符合十级伤残，伤残赔偿指数10%；被鉴定人徐某误工期为90天，护理期为60天，营养期为30天。徐某支付鉴定费3150元。经查，肇事车辆登记在胡某名下，陈某与胡某之间系雇佣关系，而且事故发生时，该肇事车辆未投保交强险和商业第三者责任险。因赔偿问题协商不成，徐某向人民法院提起诉讼。

关于徐某的经济损失，法院经核实依法确定为总计134278.3元。一审法院判决，被告胡某在机动车交强险范围内给付原告徐某各项经济损失。一审判决做出后，胡某不服提出上诉。胡某认为，一审法院认定案由错误，本案案由不是机动车交通事故责任纠纷，而是生命权、健康权、身体权侵权纠纷，故胡某不应在交强险限额内先行承担赔偿责任；请求撤销一审判决，改判以生命权、健康权、身体权侵权纠纷为由判决胡某赔偿徐某合理经济损失。上级人民法院经审理，认为一审法院按照"机动车交通事故责任纠纷"确定案由并审理本案正确，胡某作为涉案车辆的所有人和投保义务人，未投保交强险，胡某应在交强险限额内承担赔偿责任正确，故判决驳回上诉，维持原判。

[法律问题]

1. 本案中，一审法院确定的案由是否正确？
2. 本案中，胡某是否应在交强险责任范围内先行承担赔偿责任？

[法律分析]

本案中一审法院确定的案由正确。根据《道路交通安全法》第一百一十九条第五项规定，"交通事故"是指车辆在道路上因过错或者意外造成的人身伤亡或者财产损失的事件。本案中，徐某在一审时是以"机动车交通事故责任纠纷"为由向法院提起的本次诉讼。根据公安机关查明的事实，徐某是被陈某驾驶的车辆剐带倒地而受伤。根据此次事

看了就能懂的
法律常识
道路交通
KANLE JIU NENG DONG DE
FALÜ CHANGSHI
DAOLU JIAOTONG

故发生的时间和经过，以及《道路交通安全法》规定的"交通事故"含义，可以认定本案属于机动车交通事故责任纠纷案。另外，公安机关经过调查认定本次事故不构成故意伤害案，未予以刑事立案。公安机关交通管理部门最终就本次事故出具了事故证明，亦说明本次事故应属于机动车交通事故。因此，一审法院按照"机动车交通事故责任纠纷"确定案由并审理本案是正确的。

本案中，胡某应在交强险责任范围内先行承担赔偿责任。机动车发生交通事故造成损害的，应依照《道路交通安全法》的有关规定承担赔偿责任。本案中，事故发生时陈某系受雇于胡某，故而应由胡某承担赔偿责任。其次，根据《道路交通事故司法解释》第十六条第一款的规定，"未依法投保交强险的机动车发生交通事故造成损害，当事人请求投保义务人在交强险责任限额范围内予以赔偿的，人民法院应予支持"。本案中，胡某系肇事车辆的所有人和投保义务人，肇事车辆在发生本次事故时未投保交强险，故胡某应在交强险责任限额内先行承担赔偿责任。

[案例拓展]

根据《道路交通安全法》第十七条规定："国家实行机动车第三者责任强制保险制度，设立道路交通事故社会救助基金。具体办法由国务院规定。"因此，根据相关法律及司法解释的规定，机动车所有人（即投保义务人）给车辆投保交强险是一项法定义务，而且交强险更加强调对第三人的损失填补功能，更加重视对受害人权益的保障。投保义务人未投保交强险的行为，一方面违反了《道路交通安全法》规定的法定义务，另一方面会使得交强险制度及时救助受害人的目的难以实现。因此，如果发生交通事故的肇事车辆未投保交强险，根据《道路交通事故司法解释》第十六条的规定，由投保义务人在交强险限额范围内承担赔偿责任。投保义务人和侵权人不是同一人的，当事人请求投保义务人和侵权人在交强险责任限额范围内承担相应责任的，人民法院应予支持。

实践中经常会出现机动车所有权人基于朋友关系、雇佣关系或者有偿租赁关系等特定法律关系，将未投保交强险的车辆给行为人使用后发生交通事故的情况。在这种情形下，处理机动车交通事故责任纠纷，应厘清同一纠纷中存在的不同类型的法律关系。首先，机动车所有人承担责任的基础是其未履行投保交强险的法定义务，因此，无论机动车所有人与行为人之间存在何种法律关系，受害人均有权主张两者在交强险限额范围内承担连带赔偿责任。其次，就机动车所有人与行为人之间存在的特定法律关系而言，依据《民法典》第一千二百零九条的相关规定，在机动车所有人与使用人分离的情形下，机动车所有人承担责任的标准要遵循过错责任原则，即如果机动车所有人对于机动车所有与使用分离情形没有法律规定的过错情形的，机动车所有人则对于超出交强险范围的赔偿责任无须承担责任。但是，如果机动车所有人将未投保交强险的车辆给行为人使用，根据过错责任原则，所有人主观上就是存在过错的。因此，未投保交强险的机动车所有人对于交强险责任限额范围外的赔偿，除法律另有规定外，应与实际使用人承担连带责任。

综上，未依法投保交强险的机动车发生交通事故造成损害，当事人可以请求投保义务人在交强险责任限额范围内予以赔偿。当机动车所有权人及投保义务人与行为人存在其他法律关系时，应分别按照相应的法律规范进行处理，且与投保义务人在交强险限额范围内承担赔偿责任并行不悖。在此类纠纷中，无须考虑机动车所有权人车辆给他人使用是否有偿，均应在交强险限额范围内承担赔偿责任。对于交强险限额范围外的赔偿责任，除机动车所有人与使用人之间应按照相关法律的规定承担赔偿责任外，未投保机动车交强险的机动车所有人根据过错责任原则，也应承担相应的赔偿责任。

问题3：
交通事故发生于投保人缴费后和保险合同约定的保险生效时间前，发生交通事故责任由谁承担?

[案例]

2015年5月5日15时30分左右，孙某驾驶临时车牌的轿车转弯时与步行的李某相撞，造成李某受伤的交通事故。事故发生后，某公安局交警支队出具《道路交通事故认定书》，认定孙某负事故全部责任。事故发生后，孙某为李某垫付医疗费用2353.80元（该费用不在李某诉求中）、2015年5月5日至5月8日（共计4天）的护理费用500元。该临时车牌轿车被告在某保险公司投保机动车交通事故责任强制保险、赔偿限额为50万元的第三者责任商业保险并投保不计免赔；2015年5月5日12时2分26秒，某保险公司为孙某出具机动车交通事故责任强制保险单、机动车辆保险单，孙某向某保险公司缴纳保险费用。李某起诉要求被告赔偿损失35090.58元，要求某保险公司在交强险和商业险范围内承担赔偿责任，超出部分由孙某按照100%比例承担赔偿责任。某保险公司称，事故属实并同意在交强险范围内承担赔偿责任，因本次事故发生的时间不在商业险保险期间内，对超出交强险部分其不予承担，诉讼费用、鉴定费用等间接费用其不予承担。孙某辩称，事故属实，其商业险费用是2015年5月5日12时2分缴纳的，限额为50万元并投保不计免赔，故应由某保险公司承担赔偿责任。

经审理，一审法院认为保险合同属于诺成合同，判决某保险公司在交强险限额范围内及第三者责任商业保险范围内承担赔偿责任。一审判决做出后，某保险公司不服提出上诉。经上级人民法院审理，上级人民法院认为某保险公司在本案中承担商业三者险的赔偿责任不当，应予以纠正。

[法律问题]

1. 本案中事故发生于投保人缴费后和保险合同约定的保险生效时间之前，某保险公司是否应就本案的赔偿责任在交强险限额范围内承担责任？

2. 本案中事故发生于投保人缴费后和保险合同约定的保险生效时间之前，某保险公司是否应就本案的赔偿责任在第三者责任商业保险范围内承担责任？

[法律分析]

本案中，某保险公司应就本案的赔偿责任在交强险限额范围内承担责任。根据《中华人民共和国保险法》（以下简称《保险法》）第十七条的规定："订立保险合同，采用保险人提供的格式条款的，保险人向投保人提供的投保单应当附格式条款，保险人应当向投保人说明合同的内容。对保险合同中免除保险人责任的条款，保险人在订立合同时应当在投保单、保险单或者其他保险凭证上作出足以引起投保人注意的提示，并对该条款的内容以书面或者口头形式向投保人作出明确说明，未作提示或者明确说明的，该条款不产生效力。"2009年3月15日，中国保监会保监厅函（2009）91号《中国保险监督管理委员会关于加强机动车交强险承保工作管理的通知》的规定中明确指出，各保险公司可在保单"特别约定"栏中，写明或加盖"即时生效"等字样，使保单自出单时立即生效，也可打印时间覆盖原保单中的"×年×月×日零时起"字样。2010年3月3日，保监会做出保监厅函（2010）79号复函，明确投保人有权提出交强险保单出单时即时生效。因此，根据上述法律法规可以认定，某保险公司虽然注明了保单从2015年5月6日零时起生效，但该项内容属于其单方提供的格式条款，应该对投保人做出书面或口头形式的明确说明，投保人在被告知后，有权选择将保单生效时间改为即时生效。但由于保险公司未尽到明确说明的义务，该格式条款不产生效力，应认定本案中的交强险合同在投保时即时生效，保险公司应在保险限额内进行理赔。

本案中，某保险公司无须就交强险责任限额之外的损失承担在第三者责任商业保险范围内的责任。根据《保险法》第十三条规定："投保人提出保险要求，经保险人同意承保，保险合同成立……依法成立的保险合同，自成立时生效。投保人和保险人可以对合同的效力约定附条件或者附期限。"由此可知，如果当事人对合同生效约定了附属条款，则保险合同自符合附属条款约定情形时开始生效。根据《保险法》第十四条的规定："保险合同成立后，投保人按照约定交付保险费用，保险人按照约定的时间开始承担保险责任。"本案中，根据孙某提供的商业三者险保险单以及某保险公司提交的商业三者险投保单记载，涉案车辆的商业三者险保险期间为2015年5月6日00：00：00起至2016年5月5日23：59：59，并由孙某在投保单上签字认可，确认已经阅读保险条款，对保险合同和特别约定中有关免除保险人责任的条款已经知悉并同意。故某保险公司应当自保险合同约定的生效时间起开始承担保险责任，而涉案事故发生于2015年5月5日15时30分，并不在孙某投保的商业三者险保险期间内，故而某保险公司无须就本案的赔偿责任在第三者责任商业保险范围内承担责任。

［案例拓展］

本案涉及的主要问题在于，交通事故发生在投保人缴费之后和保险合同约定的保险生效时间之前时，保险公司是否应承担保险赔偿责任。对于该问题，应区分交强险和商业三者险分别进行处理。

对交强险而言，交强险的立法目的在于机动车道路交通事故的受害人能够得到有效保障，故对机动车辆实行强制保险制度。这就要求保险人对机动车辆的强制保险不得拒绝和拖延，保险人在接受投保人投保交强险时，有义务了解机动车车辆交强险的投保情况。根据2009年3月25日《中国保险监督管理委员会关于加强机动车交强险承保工作管理的通知》（保监厅函［2009］91号）的规定，交强险可以选择即时生效或者约定具体时间生效，保险公司就此向投保人负有明确告知义务。从交强险建立的目的和形式上来看，已经突破了民事合同的相对性，交强险中的投保人和保险公司之间不是基于双方协议而是基于法律的强制性规定建立法律关系。所以，机动车交通事故责任强制保险合同和商业保险合同是不同性质的两类保险合同。保险公司在交强险保单中次日零时生效的规定，有悖于交强险设立之目的，也不能使机动车交通事故的受害人得到有效保障。因此，除了法律规定的免责事由外，只要肇事车辆投保了交强险，车辆的所有人或受害人就可以在交强险限额范围内向保险公司主张保险赔偿金。

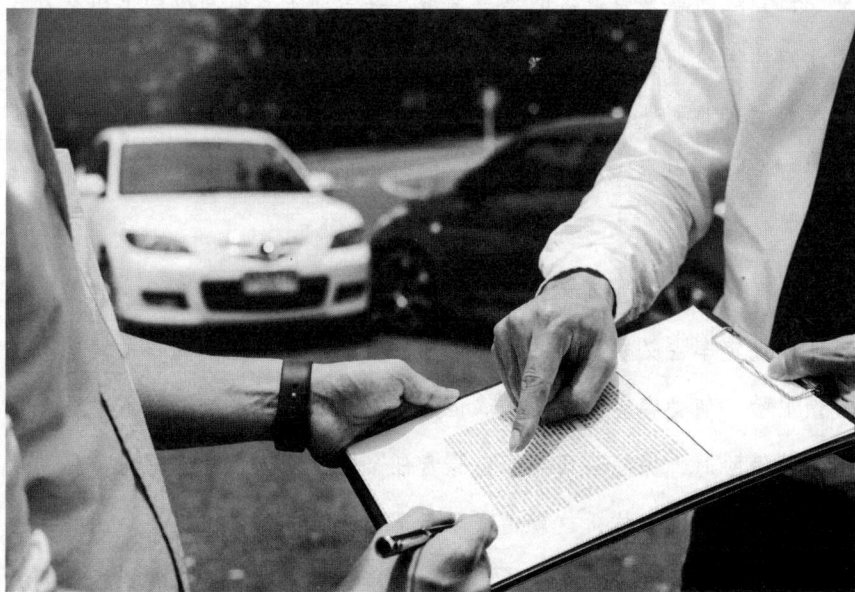

就商业第三者责任保险合同而言，其与交强险具有法律强制性不同，属于完全意义上的民事合同，应当遵循合同法上的意思自治原则，即商业第三者责任保险合同的订立和履行应当根据合同双方的约定。而保险期间作为商业第三者责任保险合同中的重要内容之一，需要由双方在订立保险合同时明确约定。当然，实践中对此通常都是在商业三者险的投保单上明确写明。在此情况下，因投保单上已对保险期间进行约定，如投保人也在投保单上签字，应视为双方当事人协商确定该保险期间。因此，该约定对双方当事人均具有效力即合同约束力。在商业三者险合同约定保险人应自保险合同生效时间起开始承担保险责任的情况下，交通事故发生在保险合同约定的生效时间之前的，因双方签订的商业第三者责任保险合同并未生效，因此，保险公司无须在商业第三者责任保险限额内承担保险责任。

由此可见，就交强险而言，其合同生效应遵循"即时生效"原则；商业三者险则尊重当事人的意思自治，其合同生效时间应当依照双方合同约定的保险期间确定。二者在此方面具有明确的区分。本案中，一审法院对二者并未进行区分，而是将商业三者险的生效时间与交强险的生效时间同等对待，显然不当。二审法院对此依法予以纠正无疑是正确的。

随着新车的数量增多，车祸的发生概率也在不断提高。交强险是国家明确规定车主必须购买的一项保险，目的是在发生交通事故时能有效分散风险，使受害者及时获赔。但是当投保人在购买交强险或者商业三者险等保险时，保险公司为了免除责任，在合同上往往会写上"保单次日零时生效"的字样，这就造成了新车上路后的"裸险期"。为规避出现类似本案中的情形产生纠纷，投保者应该注意在签订保单时，问明是否存在这样的条款，以便选择修改。作为格式条款的提供者，保险公司也应按照法律规定，以书面或者口头形式明确将此项内容告知，否则将视为未尽到法定义务，该条款不产生法律效力。

问题4：
以家庭自用名义投保的车辆从事网约车活动发生交通事故，保险公司承担赔偿责任吗？

[案例]

2015年7月28日下午，张某通过打车软件接到网约车订单1份，订单内容为将乘客从某集团办公楼送至某小区。张某驾驶轿车至某集团办公楼，接到网约乘客。当日17时5分许，张某驾驶轿车搭载网约车乘客，沿着某路段自西向东行驶至某路口往南转弯过程中，遇程某驾驶电动自行车沿着某路段由北向南通过该路口，两车碰撞，致程某受伤、车辆损坏。某公安局交通警察大队以无法查清程某遵守交通信号灯的情况为由，出具《道路交通事故认定书》。事故发生后经查，肇事车辆所有人为张某，行驶证上的使用性质为"非营运"，该车在某保险公司投保了交强险、保额为100万的商业三者险及不计免赔险，保险期间均自2015年3月28日起至2016年3月27日止。保单上的使用性质为"家庭自用汽车"。张某在从事网约车载客之前未通知过某保险公司。事故发

看了就能懂的
法律常识
道路交通
KANLE JIU NENG DONG DE
FALÜ CHANGSHI
DAOLU JIAOTONG

生之后，程某因受伤进入某医院接受治疗，医院诊断其为急性闭合性重型颅脑损伤，右颞及额顶硬膜外血肿，左颞脑挫裂伤，右颞骨骨折及冠状缝分离，右额颞顶部头皮血肿，右侧颧弓骨折。程某产生医疗费99122.26元（其中张某垫付59321元，某保险公司垫付10000元）。某司法鉴定所于2016年3月8日出具《司法鉴定意见书》，鉴定意见为程某颅脑损伤所致轻度精神障碍，日常活动能力部分受限构成九级伤残；颅骨缺损6平方厘米以上构成十级伤残；误工期限180日，护理期限90日，营养期限90日。交通事故发生后，因赔偿问题不能协商一致，程某向人民法院起诉张某及某保险公司，请求赔偿程某因交通事故造成的损失。被告人张某辩称，其驾驶的轿车在某保险公司投保了交强险和商业三者险，应当由某保险公司在交强险和商业三者险内赔偿。某保险公司辩称，其承认原告主张的事故发生及投保的事实，但是被告张某驾驶家庭自用车辆从事客运经营活动，属于改变车辆用途，且未通知其公司，其公司根据《保险法》规定和商业三者险条款约定在商业三者险内予以免赔。

人民法院受理该案后，组织各方当事人围绕诉讼请求提交证据，进行了证据交换和质证，经审理，依法判决某保险公司仅需对本次交通事故在交强险责任限额内承担损害赔偿责任，交强险责任限额之外的损害赔偿责任由张某承担。

[法律问题]

本案中，某保险公司是否应当对本次交通事故的损害在商业第三者保险范围内承担赔偿责任？

[法律分析]

本案中，某保险公司对于本次交通事故中的损害仅需在交强险责任限额范围内承担赔偿责任，无须在商业第三者责任险限额范围内承担赔偿责任。首先，根据《道路交通安全法》第七十六条的规定，机动车发生交通事故造成人身伤亡、财产损失的，由保险公司在机动车第三者责任强制保险责任限额范围内予以赔偿；不足的部分，按照下列规定承担赔偿责任：（一）机动车之间发生交通事故的，由有过错的一方承担赔偿责任；双方都有过错的，按照各自过错的比例分担责任。（二）机动车与非机动车驾驶人、行人之间发生交通事故，非机动车驾驶人、行人没有过错的，由机动车一方承担赔偿责任；有证据证明非机动车驾驶人、行人有过错的，根据过错程度适当减轻机动车一方的赔偿责任；机动车一方没有过错的，承担不超过百分之十的赔偿责任。本案中，张某驾驶机动车向右转弯，程某驾驶非机动车直行，转弯应当避让直行，张某未能避让存在过错，且张某不能证明程某存在闯红灯等过错行为，由此确定张某负本次道路交通事故的全部责任，因此，程某因本次交通事故产生的损失应先由某保险公司在交强险责任限额内赔偿。其次，就商业三者险内的赔偿问题，根据《保险法》第五十二条的规定："在合同有效期内，保险标的的危险程度显著增加的，被保险人应当按照合同约定及时通知保险人，保险人可以按照合同约定增加保险费或者解除合同……被保险人未履行前款规定的通知义务的，因保险标的的危险程度显著增加而发生的保险事故，保险人不承担赔偿保险金的责任。"本案中，张某驾驶"家庭自用汽车"进行营运活动，张某的营运行为使得被保险车辆的危险程度显著增加。按照相关法律规定，张某应及时通知某保险公司，某保险公司可以增加保费或者解除合同并返还剩余保费。然而，张某未履行通知义务，且其营运行为导致了本次交通事故的发生，故而某保险公司在商业三者险内不负赔偿责任。

[**案例拓展**]

作为新兴事物，网约车近年来得到了快速发展。据网络公开数据显示，2016年全年，有超过1750万司机通过各专车、快车平台接单取得收入；截至2022年10月，据统计，已有210余家网约车平台公司获得经营许可，日均订单量在2100万单左右。但在网约车经济高速增长的同时，各种挑战接踵而至，网约车保险保障的缺失也愈发受到大众关注。就当前现状而言，申请注册网约车的手续很简单，但是很多人却不知道，当私家车做起载客生意的时候，不管是专职还是兼职，车辆使用性质本质上已经从家庭自用变成了商业运营，而且商业运营车辆风险远高于私家车。根据风险与保费相匹配的原则，保费自然高于私家车。这一点恰恰就是保险公司拒赔的关键。

营运活动与家庭自用的区别在于：第一，营运以收取费用为目的，家庭自用一般不收取费用。第二，营运的服务对象是不特定的人，与车主没有特定的关系；家庭自用的服务对象一般为家人、朋友等与车主有特定关系的人。本案中，张某通过打车软件接下网约车订单，其有收取费用的意图，且所载乘客与其没有特定关系，符合营运的特征。

在当前车辆保险领域中，保险公司根据被保险车辆的用途，将其分为家庭自用和营运两种，并设置了不同的保险费率，营运车辆的保费接近家庭自用车辆的两倍。这是因为，相较于家庭自用车辆，营运车辆的运行里程多、使用频率高，发生交通事故的概率也自然更大。这既是社会常识，也是保险公司的预估。车辆的危险程度与保费是对价关系，家庭自用车辆的风险小，所需的保费低；营运车辆风险大，所需的保费高。以家庭自用名义投保的车辆从事营运活动，车辆的风险显著增加，投保人应当及时通知保险公司，保险公司可以增加保费或者解除合同并返还剩余保费。投保人未通知保险公司而要求保险公司赔偿在营运过程中造成的事故损失，显失公平。

根据《保险法》第五十二条的规定："在合同有效期内，保险标的的危险程度显著增加的，被保险人应当按照合同约定及时通知保险人，保险人可以按照合同约定增加保险费或者解除合同……被保险人未履行前款规定的通知义务的，因保险标的的危险程度显著增加而发生的保险事故，保险人不承担赔偿保险金的责任。"因此，当"家庭自用车辆"改变用途增加保险车辆危险程度时，应及时通知保险公司采取相应的措施予以解决；否则发生道路交通事故造成损害时，保险公司有权拒赔。这是因为根据相关法律规定，保险合同系双务合同，保险费与保险赔偿金为对价关系，保险人依据投保人告知的情况，评估危险程度而决定是否继续承保以及收取多少保险费。保险合同订立后，如果危险程度显著增加，保险事故发生的概率超过了保险人在订立保险合同时对事故发生的概率的合理预估，仍然按照之前保险合同的约定要求保险人承担保险责任，则对保险人显失公平。这也是《保险法》第五十二条的内在逻辑。

问题5：
多车发生交通事故时，保险公司如何分担保险责任？

[案例]

2013年5月29日8时40分，在某路口处，王某甲驾驶的小客车的前部与郝某驾驶的小客车尾部相接触，后郝某驾驶的小客车前部与王某乙驾驶的小客车尾部相接触，造成王某乙受伤的损害后果。经某公安局交警部门出具《道路交通事故认定书》认定，王某甲负该起交通事故的全部责任。事故发生后，王某乙被送往医院接受住院治疗，经诊断，为脊髓震荡、头颈部软组织挫伤，2013年8月7日出院，共住院70天。2013年10月，王某乙诉至法院。

事故发生后经调查，王某甲所驾驶的小客车在某安保险公司投保了机动车交通事故责任强制保险及不计免赔的10万元商业第三者责任保险，本次交通事故发生在保险期限内。郝某驾驶的小客车在某地保险公司投保了机动车交通事故责任强制保险，本次事故发生在保险期限内。

关于王某乙的经济损失，经法院核实确认为：医疗费19282.38元（含王某甲垫付的医疗费3368元）、住院伙食补助费50元/天×70天＝3500元、营养费20元/天×84天＝1680元、护理费2300元÷30天×70天＝5367元、残疾辅助器具费40.83元、误工费3490元÷30天×112元＝13029元、交通费200元（酌定），共计43099.21元。

案件经审理，一审法院认为王某甲负事故全部责任，故应由某安保险公司在交强险及商业三者险责任限额内承担赔偿责任；郝某无责任，其驾驶的机动车与王某乙驾驶的机动车相关联，故某地保险公司应在交强险无责任限额内承担赔偿责任。一审法院判决做出后，某地保险公司不服提出上诉。某地保险公司认为一审法院判令其在交强险无责赔偿限额内赔偿11000元存在明显错误，根据《道路交通安全法》及其相关司法解释的规定，法院应依法改判某地保险公司在交强险无责赔偿限额内给付王某乙赔偿费用1694.17元。经审理，二审法院做出改判。

[法律问题]

本案中，关于王某乙的损害赔偿责任，某地保险公司具体应承担多少？

[法律分析]

根据《道路交通事故司法解释》第十八条第一款的规定："多辆机动车发生交通事故造成第三人损害，损失超出各机动车交强险责任限额之和的，由各保险公司在各自责任限额范围内承担赔偿责任；损失未超出各机动车交强险责任限额之和，当事人请求由各保险公司按照其责任限额与责任限额之和的比例承担赔偿责任的，人民法院应予支持。"本案的交通事故经公安交通管理部门认定王某甲负事故全部责任，郝某、王某乙均无责任。由于王某甲驾驶的机动车与郝某驾驶的机动车接触造成王某乙受伤，故对王某乙因本次事故所造成的损失应分别由王某甲所驾驶机动车的保险人某安保险公司在交强险有责赔偿限额内及商业第三者责任保险责任限额内承担赔偿责任；由郝某所驾驶机动车的保险人某地保险公司在交强险无责赔偿限额内承担赔偿责任。

王某乙经一审法院确定的各项损失中，属于死亡伤残赔偿项下的损失包括护理费、残疾辅助器具费、误工费、交通费，共计18636.83元；属于医疗费用赔偿项下的损失包括医疗费、住院伙食补助费、营养费，共计24462.38元。交强险中规定的有责死亡伤残赔偿限额为110000元，无责死亡伤残赔偿限额为11000元；有责医疗费用赔偿限额为10000元，无责医疗费用赔偿限额为1000元。

由于王某乙在医疗费用赔偿项下的各项损失24462.38元已经超出了交强险有责医疗费用赔偿限额和无责医疗费用赔偿限额之和11000元，故某安保险公司应在有责医疗费用赔偿限额内承担王某乙的医疗费用赔款10000元，某地保险公司应在无责医疗费用赔偿限额内承担王某乙的医疗费用赔款1000元，王某乙超出赔偿限额部分的医疗费用损失13462.38元应由王某甲所驾驶机动车的保险人某安保险公司根据商业三者险的保险合同予以赔偿。另外，由于王某甲已为王某乙垫付了医疗费3368元，故某安保险公司应在其向王某乙支付的医疗费用赔款中扣除该笔款项，并由某安保险公司将该笔款项直接支付给王某甲。

由于王某乙在死亡伤残赔偿限额项下的各项损失18636.83元未超出

交强险有责死亡伤残赔偿限额和无责死亡伤残赔偿限额之和121000元，故某安保险公司和某地保险公司应按照其责任限额与责任限额之和的比例承担相应的赔偿责任。某安保险公司应承担的交强险有责死亡伤残赔款为18636.83×（110000÷121000）=16942.57元；某地保险公司应承担的交强险无责死亡伤残赔款为18636.83×（11000÷121000）=1694.26元。

［案例拓展］

随着道路交通的发展、机动车数量的增加，道路交通状况愈发复杂，由此造成多辆机动车导致一起交通事故，一起交通事故涉及多辆机动车、非机动车或行人的情形越来越多。在这些情形下，承保交强险的保险公司应如何赔偿、多个保险公司之间的责任如何分配、部分机动车未投保时已承保交强险的保险公司与未投保车辆的责任如何分配等，均成为产生纠纷的关键点。《道路交通事故司法解释》发布实施后，对已投保交强险的多辆机动车发生交通事故时，各自保险公司应当如何承担赔付责任的问题做出了明确的规定，即多辆机动车发生交通事故造成第三人损害，损失超出各机动车交强险责任限额之和的，由各保险公司在各自责任限额范围内承担赔偿责任；损失未超出各机动车交强险责任限额之和，当事人请求由各保险公司按照其责任限额与责任限额之和的比例承担赔偿责任的，人民法院应予支持。

所谓"交强险责任限额"，按照《交强险条例》的规定，交强险限额区分为有责限额和无责限额，"有责"和"无责"是指被保险人在交通事故中是否有责任。同时，在这两个限额之下，根据交通事故所造成的损失类型的不同，又将限额区分为死亡伤残赔偿限额、医疗费用赔偿限额以及财产损失赔偿限额。由此，保险公司在实践中理赔时，如被保险人无责任，则在无责限额内的相应分项限额内赔付；如被保险人有责任，则在有责限额内的相应分项限额内赔付。对于上述分项限额问题，一直存在争议。但是，根据最高人民法院《关于在道路交通事故损害赔偿纠纷案件中机动车交通事故责任强制保险中的分项限额能否突破的请示的答复》的规定，机动车发生交通事故后，受害人请求承保机动车第三者责任强制保险的保险公司对超出机动车第三者责任强制保险分项限额范围予以赔偿的，人民法院不予支持。其理由在于分项限额不仅仅涉及受害人的损失填补，间接还与交强险的费率水平等涉及不特定多数人利益的问题息息相关。如果此类案件交由司法判断，由于司法权的被动性、个案解决纠纷的目的性导致法院在就诉争问题做出决策时，往往忽视个案对整体社会效果的考虑。如果这个问题交由司法判断，在解决纠纷、化解矛盾的激励之下，司法判断往往会实现个案的化解却忽视对公众的基本财产权的影响。因此，在目前的立法和国情下，"交强险责任限额"应当遵循，不应突破。

总而言之，人民法院在审理涉及交强险的交通事故损害赔偿案件时，应当遵循分项限额的规定。针对"交强险责任限额"，人民法院既要适用总的限额，也应适用总责任限额之下的分项限额。具体而言，多辆机动车发生交通事故造成第三人损害，损失超出各机动车交强险责任限额之和的，由各保险公司在各自责任限额范围内承担赔偿责任；损失未超出各机动车交强险责任限额之和，当事人请求由各保险公司按照其责任限额与责任限额之和的比例承担赔偿责任的，人民法院应予支持。

在日常生活中，当遇到发生多车追尾时，应及时报警处理，由交警部门对事故现场进行勘验，并结合其他情况进行综合判断得出交通事故的责任认定。多车追尾，一人无法判定责任的，需要提交事故科进行科学分析，将事故车辆拖进停车场主要是为了检验事故车辆的撞痕是一次痕迹还是二次痕迹，这与交通事故的责任划分存有较大的关联。因此，发生追尾事故后，车辆驾驶人应当立即停车，保护现场，并及时报警和通知保险公司。通过交警出具的《道路交通事故认定书》、调解书、驾照、行驶证、交强险的复印件，向保险公司索赔。

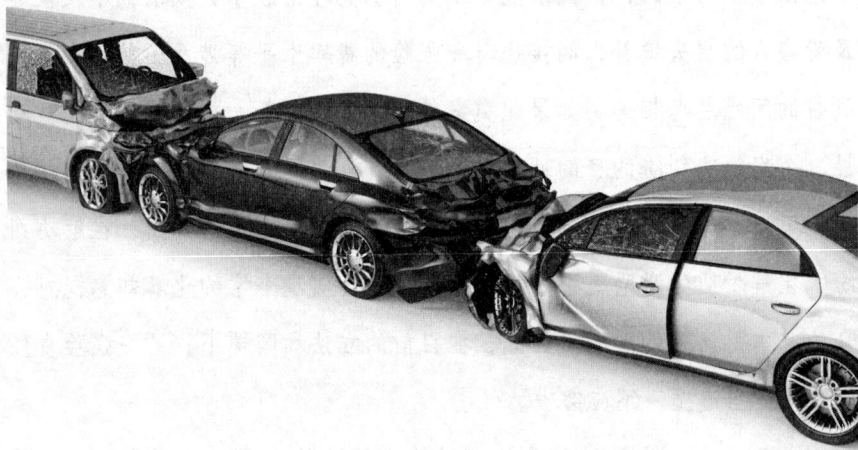

问题6：
被侵权人医疗费中超出医保范围的用药是否在保险赔偿范围内？

［案例］

2017年10月19日11时15分，刘某驾驶樊某所有的小型客车沿着某道路由西往东方向行驶，行驶至某路段靠路右停车等待穿越道路时，与沿着该路段由西往东方向行驶的、由张某驾驶的二轮普通摩托车发生碰撞，造成车损及张某受伤的损害后果。2017年11月30日，某市公安局交通警察支队出具《道路交通事故认定书》，认定刘某负事故主要责任，张某负事故次要责任。事故发生后，张某因受伤先由某市医疗急救中心救治，后被送往某医院住院治疗，共住院治疗11天（2017年10月19日至29日）。2017年10月29日，张某转入某大学附属第一医院住院治疗，共住院治疗62天（2017年10月29日至12月29日）。

樊某所有的小型客车在某保险公司投保了交强险、商业第三者险和不计免赔险，保险期间为2017年4月26日0时起至2018年4月25日24时止。交强险赔偿限额为122000元（死亡伤残赔偿限额110000元、医疗费用赔偿限额10000元、财产损失赔偿限额2000元），商业三者险赔偿限额为200万元，诉争事故发生时均在上述保险合同的保险期间内。

根据某保险公司的申请，法院依法委托某司法鉴定中心对张某因2017年10月19日发生的交通事故的医疗费用中非医保费用进行鉴定。2018年5月10日，某司法鉴定中心出具《司法鉴定意见书》，鉴定意见为：审核本次送检的被鉴定人张某的医疗费用清单（519485.26元）中，非医保费用合计120046.25元。

诉争交通事故发生后，刘某向张某支付医疗费22048元，某保险公司向张某支付医疗费10000元。樊某陈述，其向某保险公司购买保险时，某保险公司有告知其免责条款的内容。

[法律问题]

本案中，某保险公司主张非医保费用免赔是否具有法律依据呢？

[法律分析]

本案中，某保险公司主张非医保费用免赔是不具有法律依据的。公民享有生命健康权，公民由于过错侵害他人人身的，应当承担民事赔偿责任。交通事故责任者应当按照其所负事故责任承担相应的损害赔偿责任。本案中，某公安局交通警察支队出具的《道路交通事故认定书》认定刘某负事故主要责任，张某负事故次要责任，该责任认定事实清楚、程序合法，应当予以确认。根据《道路交通安全法》

第七十六条的规定，机动车发生交通事故造成人身伤亡、财产损失的，由保险公司在机动车第三者责任强制保险责任限额范围内予以赔偿；不足的部分，根据过错程度由侵权人予以赔偿。根据《道路交通事故司法解释》第十三条的规定，同时投保机动车第三者责任强制保险和第三者责任商业保险的机动车发生交通事故造成损害，当事人同时起诉侵权人和保险公司的，人民法院应当依照《民法典》第一千二百一十三条的规定，确定赔偿责任。诉争的交通事故发生于2017年10月19日，刘某驾驶的肇事车辆在某保险公司投保了交强险、商业三者险和不计免赔，诉争的交通事故发生在上述保险合同约定的保险期间内。本案中，张某在交强险医疗费用赔偿项下的损失为医疗费520033.26元，超过交强险医疗费用项下赔偿限额10000元，故某保险公司应在交强险医疗费项下10000元限额内赔偿张某10000元。刘某承担70%的民事赔偿责任，故而某保险公司在商业三者险范围内赔偿张某的医疗费用数额应为张某的医疗费520033.26元，先扣除交强险应赔偿的10000元，再乘以刘某应承担的赔偿责任比例70%，即357023.28元［（张某医疗费520033.26元－交强险赔偿数额10000元）×70%］，未超过商业三者险赔偿限额2000000元，故某保险公司应在商业三者险赔偿限额范围内赔偿张某医疗费357023.28元。关于某保险公司不承担张某医疗费中的非医保费用120046.25元的主张，根据《最高人民法院关于适用〈中华人民共和国保险法〉若干问题的解释(三)》（以下简称《保险法司法解释三》）第十九条的规定："保险合同约定按照基本医疗保险的标准核定医疗费用，保险人以被保险人的医疗支出超出基本医疗保险范围为由拒绝给付保险金的，人民法院不予支持；保险人有证据证明被保险人支出的费用超过基本医疗保险同类医疗费用标准，要求对超出部分拒绝给付保险金的，人民法院应予支持。"本案中，司法鉴定意见仅能证明张某医疗费中的非医保费用即超出基本医疗保险范围金额为120046.25元，某保险公司未能提供证据证明张某支出的费用超过基本医疗保险同类医疗费用标准，故而某保险公司主张的非医保费用免赔没有法律依据。

[案例拓展]

实践中，经常出现在保险合同中约定超出医保范围的用药保险人不承担赔偿责任等内容及条款的情形。该条款属于保险合同中的约定条款，属于格式条款，依法应认定无效，并且超出医保用药范围的过错不在于受害人。因此，保险公司对超出医保范围之外的医疗费应当予以赔偿。虽然被保险人与保险公司签订的第三者责任保险条款中约定：在赔偿处理时，保险人按照国家基本医疗保险的标准核定医疗费用的赔偿金额，即保险人在理赔时，对医疗费在国家基本医疗保险范围内进行核定，对非医保范围内的药品进行扣除有合同依据。但是《保险法》第十七条第二款规定："对保险合同中免除保险人责任的条款，保险人在订立合同时应当在投保单、保险单或者其他保险凭证上作出足以引起投保人注意的提示，并对该条款的内容以书面或者口头形式向投保人作出明确说明；未作提示或者明确说明的，该条款不产生效力。"同时《民法典》第四百九十七条规定，提供格式条款一方不合理地免除或者减轻其责任、加重对方责任、限制对方主要权利的，该条款无效。该条款作为格式条款，免除了自己的责任，加重了对方的责任，在保险公司没有举证证明其向投保人提供了保险条款并已对被保险人做出释明的情况下，依据《保险法》第十七条和《民法典》第四百九十七条之规定，该免责条款无效，对双方都不产生法律约束力。

问题7：
责任保险赔偿中保险公司应如何支付保险赔偿金?

[案例]

　　2015年2月15日16时55分，被告王某驾驶小型客车（车辆登记所有人为被告周某）在某路口，与原告刘某驾驶的小型客车碰撞发生交通事故，致两车受损。交警部门认定王某负主要责任，刘某负次要责任。2014年10月23日，周某为王某驾驶的小型客车在被告人某保险公司营业部处投保了机动车交通事故责任强制险，并投保了第三者责任险、机动车损失险、不计免赔等险种，第三者责任险责任限额500000元，机动车损失保险金额231800元。前述各险种的保险期间均为自2014年10月24日0时起至2015年10月23日24时止。本案涉及的交通事故发生在保险期间。交通事故发生后，某保险公司营业部于事发同日就刘某的小型客车核定损失为52168.32元、残值1200元，扣除车辆残值后核定车辆损失为50968.32元。定损后，刘某于同日将车辆置于某保险公司营业部指定的某汽车销售服务有限公司进行维修，花去修理费52168元。该公司于2015年3月16日为刘某出具了增值税发票。

同时查明，2015年4月8日，被告人某保险公司营业部将事故车辆被告周某的小型客车和原告刘某的小型客车的商业保险理赔款53052.30元（其中原告刘某的小型客车计算的理赔金额为29135.97元、被告周某的小型客车计算的理赔款为23916.33元）、原告刘某小型客车的交强险赔款2000元均转账至被告周某个人银行账户。周某未将刘某事故车辆的理赔款交付刘某。

[法律问题]

1. 本案中，被告某保险公司营业部将原告刘某的小型客车的保险理赔款直接支付给投保人周某是否符合法律规定？

2. 本案中，原告刘某能否再向某保险公司营业部主张权利呢？

[法律分析]

本案中，被告某保险公司营业部将原告刘某的小型客车的保险理赔款直接支付给投保人周某不符合法律规定。根据《保险法》第六十五条规定："保险人对责任保险的被保险人给第三者造成的损害，可以依照法律的规定或者合同的约定，直接向该第三者赔偿保险金。责任保险的被保险人给第三者造成损害，被保险人对第三者应负的赔偿责任确定的，根据被保险人的请求，保险人应当直接向该第三者赔偿保险金。被保险人怠于请求的，第三者有权就其应获赔偿部分直接向保险人请求赔

看了就能懂的
法律常识
道路交通
KANLE JIU NENG DONG DE
FALÜ CHANGSHI
DAOLU JIAOTONG

偿保险金。责任保险的被保险人给第三者造成损害，被保险人未向该第三者赔偿的，保险人不得向被保险人赔偿保险金。责任保险是指以被保险人对第三者依法应负的赔偿责任为保险标的的保险。"该条款对责任保险如何理赔进行了明确规定，即保险人可以根据被保险人的请求，直接向第三者赔偿保险金，也可以在被保险人怠于请求的情况下，依据第三者赔偿请求直接向其赔偿保险金；被保险人未向该第三者赔偿的，保险人不得向被保险人赔偿保险金。本案中，在被保险人周某和肇事者王某对第三者刘某应负的赔偿责任确定后，保险人某保险公司营业部在未核实被保险人周某和肇事者王某对第三者刘某是否进行赔偿的情况下，就直接将刘某因交通事故应获得的保险理赔款支付给周某的行为，违反了相关法律的规定。

本案中，原告刘某可以再向某保险公司营业部主张权利。根据相关法律规定，保险公司在责任保险中承担的是替代责任。也就是说，在保险事由发生后，根据法律规定和合同约定，代替被保险人向受害人履行赔偿责任；在被保险人未向受害人赔偿时，不得向被保险人赔偿保险金。在机动车交通事故责任纠纷中，被保险的机动车发生交通事故后，被保险人与实际责任人往往不是同一人。在此情况下，保险公司应当依照法律规定直接向受害人赔偿，或者向已经履行了赔偿义务的实际责任人支付赔偿款。在没有证据证明赔偿款是被保险人支付给受害人，或者被保险人接受受害人、实际赔付人委托领取赔偿款的情况下，保险人向被保险人支付赔偿款没有法律依据。根据《道路交通安全法》第七十六条第一款以及《交强险条例》第二十一条、第二十七条的规定，受害人对保险公司享有直接请求权。因此在本案中，被告某保险公司营业部将原告刘某的小型客车的保险理赔款直接支付给投保人周某，周某未将相关款项支付给刘某的情况下，刘某有权向某保险公司营业部主张权利。

[案例拓展]

实践中，机动车发生交通事故保险理赔的规范流程为：及时通知保险公司、保险公司查勘定损、签收审核索赔单证、领取赔付。在理赔过程中要重视以下四大注意事项。1. 不能随便包揽事故责任。有一些车主认为自己购买了大额度的车辆保险，所以就将所有的责任全部承担。这样的情况在现实生活中时有发生，比如机动车与非机动车相撞，一般机动车都会承担全部责任，其实各负其责才是对交通环境最好的维护，非机动车、行人也该为自己的行为承担相应的责任。2. 不能维修后再去报销。很多车主出险之后，为了方便就自己去修理厂维修了车辆，然后去找保险公司报销，这样做不可取。不报案就修车，保险公司无法定损。

如果认定车主的维修费用高出了定损的费用，车主只能自掏腰包。3. 委托维修厂理赔。部分车主因为工作等原因有时在发生了交通事故之后，会委托给熟悉的修理厂办理理赔，这种自己与保险公司不直接联系的办法不可取，因为修理厂经常会以一些其他手段达到赔付目的，而这些如果被保险公司查实，那么车主就需要承担责任了。4. 不计免赔。虽然投保了不计免赔，但还是不一定能获得全额理赔的。保险公司为了防范道德风险，对一些特定的事故都设定了单独的免赔率，而这些不在不计免赔的范围之内，比如多次出险。

问题8：
交强险承保公司向受害人支付赔偿金后，可以向违法驾驶人行使追偿权吗？

[案例]

2014年7月13日1时50分，武某乘坐代某驾驶的无号牌四轮全地形车由西向东行至某天桥下时，岳某驾驶的轿车由后方驶来，轿车前部与四轮全地形车后部相撞，造成武某、代某受伤。事故发生后，岳某拖行武某并逃逸，后将武某遗弃于某高速入口南60米处，导致武某死亡。某公安局交通管理部门出具《道路交通事故认定书》，认定：岳某未依法取得机动车驾驶证驾驶机动车发生交通事故后逃逸，负事故的主要责任；代某未依法取得机动车驾驶证、饮（醉）酒后驾驶未依法登记的机动车上路行驶发生交通事故，负事故次要责任。岳某驾驶的轿车在某保险公司处投保了交强险，被保险人为杨某，实际车主为侯某。事发后，某保险公司在交强险医疗限额内向代某垫付医疗费10000元，并依据某判决，向武某家属支付死亡赔偿金55000元，共计赔付65000元。现某保险公司将岳某、侯某诉至法院，要求岳某返还其垫付的交强险保险金65000元，被告侯某承担连带赔偿责任。

法院经审理认为，某保险公司要求岳某支付保险金65000元的诉讼请求，具有事实与法律依据，法院予以支持；某保险公司要求侯某承担连带责任的诉讼请求，缺乏事实与法律依据，法院不予支持。法院依照《道路交通事故司法解释》之规定，判决：1. 岳某于本判决生效之日起10日内支付某保险公司垫付的交强险保险金65000元；2. 驳回某保险公司的其他诉讼请求。

[法律问题]

本案中，某保险公司作为交强险承保公司追偿权的主张是否具有法律依据？

[法律分析]

在本案中，某保险公司作为交强险承保公司有权向岳某主张追偿。《道路交通事故司法解释》第十五条的规定："有下列情形之一导致第三人人身损害，当事人请求保险公司在交强险责任限额范围内予以赔偿，人民法院应予支持：（一）驾驶人未取得驾驶资格或者未取得相应的驾驶资格的；（二）醉酒、服用国家管制的精神药品或者麻醉药品后驾驶机动车发生交通事故的；（三）驾驶人故意制造交通事故的。保险公司在赔偿范围内向侵权人主张追偿权的，人民法院应予支持。追偿权的诉讼时效期间自保险公司实际赔偿之日起计算。"本案中，某保险公司作为事故车辆的交强险保险人，其已经依据法院生效判决在交强险赔偿限额内向受害人及受害人家属支付了保险金；按照交管局的要求在赔偿范围内向受害人垫付了医疗费用，且侵权人岳某存在法律规定的无证驾驶情形，故其享有向侵权人岳某追偿的权利。

关于某保险公司是否对连带责任人侯某具有追偿权的问题。首先，《道路交通事故司法解释》第十五条规定的追偿权行使的对象是"侵权人"，按照文义解释，即直接造成损害的责任人，本案中即岳某。将致害人扩大解释至机动车所有人、出借人、出租人缺乏法律依据。机动车发生事故的主要原因在于驾驶行为而非机动车本身，机动车所有人在丧失对机动车占有的情况下难以再进行危险控制和危险防范，车辆所有人仅承担与其过错相适应的责任。某保险公司认为"侵权人"应当扩大解释为连带责任人侯某，应当提出充足的理由。现其未尽到充分论证的责任，故而其主张不应予以支持。其次，按照司法解释，从该追偿权的立法精神分析。一方面，考虑由交通事故损害的严重过错方承担终局赔偿责任，符合现行法的精神；另一方面，从目前交强险的实际运用状况看，交强险还不是一种完全的社会保险，需要考虑运营的成本和费用计算的实际问题，明确保险公司在此种情况下的追偿权，有利于降低其运营成本，从而避免谨慎守法的机动车驾驶人为违法驾驶者分担违法成本。本案中，要求严重过错方、违法驾驶者岳某承担终局责任有利于实现立法目的，达到法律的教育作用。最后，法院生效判决中对于侯某连带责任范围的确定系以岳某对死者家属的赔偿责任为限，并不包含岳某依法向某保险公司承担的赔偿责任，故而某保险公司无权对肇事车辆所有人侯某主张追偿权。

看了就能懂的
法律常识
道路交通
KANLE JIU NENG DONG DE
FALÜ CHANGSHI
DAOLU JIAOTONG

[案例拓展]

交强险保险公司代替受害人向侵权人求偿，符合现行法的精神，也有利交强险保险公司降低保险公司的运营成本，避免谨慎守法的机动车驾驶人为违法驾驶者分担违法成本。但是在实践中，保险公司行使追偿权也并非毫无限制，而是需要满足如下条件：

第一，驾驶人存在违法驾车的情形。具体而言，包括《道路交通事故司法解释》第十五条第一款规定的三种情形：驾驶人未取得驾驶资格或者未取得相应驾驶资格的；醉酒、服用国家管制的精神药品或者麻醉药品后驾驶机动车发生交通事故的；驾驶人故意制造交通事故的。需要注意的是，上述三种情形的主体应限定为驾驶人，其他人故意制造交通事故的，特别是由第三人故意制造交通事故的，应根据具体情形按照相关法律进行规制。

第二，保险公司须在已经实际向受害人支付保险金的前提下，才能行使追偿权。我国相关法律规定赋予保险公司特殊情形下的追偿权，考虑的是交通事故风险分担的平衡，也是出于交强险制度的设计目的，因此保险公司行使追偿权的前提必须是已经完成对受害人相应损失的先行赔付，否则追偿权便无从谈起。

第三，追偿权的范围不能超过其实际向受害人赔付的范围。由于追偿权是源于受害人的损害赔偿请求权，故追偿权的范围当然也应限于受害人对侵权人的损害赔偿范围。保险公司可以直接向侵权人主张追偿，也可以起诉至法院行使追偿权。此外，仍需注意，如果受害人同时向侵权人和保险公司主张赔偿，就应当区分具体情况进行处理。在侵权人已经将受害人损失全部赔偿时，本着侵权责任赔偿的填平原则，此时受害人无权再向保险公司求偿；当侵权人仅部分赔偿时，保险公司应在赔付时做相应的扣减；当保险公司的赔偿不足以弥补受害人损失时，就交强险限额之外的损失，受害人有权要求侵权人赔偿。

综上，因驾驶人未取得驾驶资格或者未取得相应驾驶资格、醉酒、服用国家管制的精神药品或者麻醉药品后驾驶机动车发生交通事故、驾驶人故意制造交通事故导致第三人人身损害的，交强险保险公司在赔偿范围内向侵权人主张追偿权的，人民法院应当予以支持。但是，保险公司须在已经实际向受害人支付保险金的前提下才能行使追偿权，而且追偿权的范围不能超过其实际向受害人赔付的范围。

问题9：
保险公司在就保险合同履行提示说明义务后，可以拒赔商业三者险吗？

[案例]

2013年8月16日2时45分，江某驾驶的小型普通客车（搭载谢某、王某、赵某）沿某路由南向北方向行驶，途径一路口时，与右侧路口驶出的左转弯、由刘某驾驶的电动助力自行车（搭载林某）发生碰撞，事故造成刘某当场死亡、林某受伤后送往医院经抢救无效死亡及双方车辆不同程度的损坏。事故发生后，江某驾车逃逸，后来谢某将肇事车辆藏匿。2013年9月10日，某公安局交通警察支队出具《道路交通事故认定书》，认定：江某驾驶机动车未按操作规范安全驾驶，发生交通事故后逃逸，是导致此次事故发生的一方面过错，承担此次事故的主要责任；刘某驾驶非机动车通过没有交通信号灯控制也没有交警指挥的交叉路口，转弯未让直行的车辆优先通行，在市区道路上不按规定载人，是导致此次事故发生的一方面过错，承担此次事故的次要责任；无证据证明林某有导致事故发生的过错，其不承担此次事故的责任。经查，关某是死者林某的妻子，林某晴是死者林某的女儿，黄某是死者林某的母亲，林某的父亲已于1974年11月病故。事故发生后，林某因受伤被送往医院后经抢救无效死亡，用去医疗费30515.88元，林某晴、关某、黄某在本次交通事故中损失合计695579.60元。赵某是肇事车辆小型普通客车的车主，谢某是肇事车辆的实际支配人，该车在某保险公司投保了交强险、商业三者险及不计免赔。其中交强险各项赔偿限额分别为：死亡伤残金赔偿限额110000元，医疗费用赔偿限额10000元，财产损失赔偿限额2000元；商业三者险的赔偿限额为30万元。另《交强险条例》规定，死亡伤残赔偿限额具体包括丧葬费、死亡补偿费、受害人亲属办理丧葬事宜支出的交通费用、残疾赔偿金、残疾辅助器具费、护理费、康复费、交通费、被扶养人生活费、住宿费、误工费，被保险人依照法院判决或调解承担的精神损害抚慰金；医疗费用赔偿限额具体包括医药费，诊疗费，住院费，住院伙食补助费，必要的、合理的后续治疗费，整容费，营养费。本事故发生在有效的保险期限内。

一审法院经过审理，判决某保险公司在交强险赔偿范围内向林某晴、关某、黄某支付赔偿款65000元，江某应赔偿林某晴、关某、黄某损失为428546.83元，谢某应赔偿林某晴、关某、黄某损失为75625.64元。一审判决做出后，林某晴、关某、黄某不服提起上诉，请求某保险公司在商业三者险限额内向林某晴、关某、黄某承担赔偿责任。二审法院经审理，改判某保险公司除去交强险责任限额内赔偿65000元外，还应于商业三者险责任限额内赔偿300000元，共计365000元。二审法院判决后，某保险公司不服申请再审。再审法院经审查，认为某保险公司不应在商业三者险限额内承担赔偿责任，故而做出改判。

[法律问题]

本案中，某保险公司是否需要在商业三者险限额内向林某晴、关某、黄某承担赔偿责任？

[法律分析]

本案中，某保险公司无须在商业三者险限额内向林某晴、关某、黄某承担赔偿责任。首先，根据《民法典》第一千二百一十三条的规定，机动车发生交通事故造成损害，属于该机动车一方责任的，先由承保机动车强制保险的保险人在强制保险责任限额范围内予以赔偿；不足部分，由承保机动车商业保险的保险人按照保险合同的约定予以赔偿；仍然不足或者没有投保机动车商业保险的，由侵权人赔偿。商业三者险属于投保人自愿购买的责任保险，其目的是减轻侵权人的赔偿负担，而非填补受害人的损失。商业三者险保险合同应尊重当事人合法的意思表示，保险合同中保险人与被保险人的权利义务由双方协商确定。本案中，商业三者险保险条款明确约定"事故发生后，被保险人或其允许的驾驶人在未依法采取措施的情况下驾驶被保险机动车或者遗弃被保险机动车逃离事故现场的，保险人不承担赔偿责任"，上述肇事逃逸免赔条款的约定不违反我国法律的规定。公安机关出具的《道路交通事故认定书》确认本案事故发生后，江某驾车逃逸，应承担事故的主要责任，故某保险公司可以依据保险合同条款免于赔偿。其次，根据《保险法》第十七条的规定，对保险合同中免除保险人责任的条款，保险人在订立合同时应当在投保单、保险单或者其他保险凭证上作出足以引起投保人注意的提示，并对该条款的内容以书面或者口头形式向投保人作出明确说明；未作提示或者明确说明的，该条款不产生效力。根据《最高人民法院关于适用〈中华人民共和国保险法〉若干问题的解释（二）》（以下简称《保险法司法解释二》）第十条的规定，"保险人将法律、行政法规中的禁止性规定情形作为保险合同免责条款的免责事由，保险人对该条款作出提示后，投保人、被保险人或者受益人以保险人未履行明确说明义务为由主张该条款不成为合同内容的，人民法院不予支持"，交通事故肇事逃逸是《道路交通安全法》禁止的违法行为，也是《刑法》交通肇事罪的加重情节，保险人与被保险人将肇事后逃逸约定为免责事由，保险人对该条款做出提示后该条款即生效。本案中，根据查明的事实，某保险公司在商业三者险保险单中已经对免责条款做出了书面提示，保险条款中免责条款也用加黑加粗字体标明，足以引起被保险人注意，已经对保险条款尽到了充分提示义务。而且本案肇事车辆是二手车，转让给车辆登记车主赵某时，已经办理了变更被保险人的相关手续，某保险公司在此过程中对免责条款向投保人进行了明确说明，在给变更后的车主赵某的"机动车保险单（抄本）"中亦对免责条款做出了书面提示。因此，某保险公司已经对免责条款履行了提示和告知义务，商业三者险保险合同约定的免责条款已生效并适用于本案。故而本案中某保险公司无须在商业三者险限额内向林某晴、关某、黄某承担赔偿责任。

[案例拓展]

商业三者险，也称商业第三者责任保险，是指在保险期间内，被保险人或其允许的合法驾驶人在使用保险车辆过程中发生意外事故，致使第三者遭受人身伤亡和财产的直接损毁，依法应由被保险人承担的经济赔偿责任，保险人对于超过机动车交通事故责任强制保险各分项赔偿限额以上的部分，按照商业三者险保险合同中的相关规定负责赔偿。商业三者险与机动车交通事故责任强制保险在保险种类上属于同一险种，都是保障道路交通事故中第三方受害人获得及时有效赔偿的险种。商业三者险是以营利为目的的商业保险，是车主投保了国家规定必保的机动车交强险后，自愿投保的一种商业保险；是基于双方当事人意思自治的民事法律行为，保险合同的签订便是双方当事人权利义务履行的根据。因此，商业三者险保险合同应尊重当事人合法的意思表示，保险合同中保险人与被保险人的权利义务由双方协商确定。

在被保险车辆发生交通事故后，承保公司应当按照合同的约定履行赔付义务。但是实践中，在履行赔付义务时合同双方当事人常会产生纠纷，产生纠纷的关键在于保险合同中免责条款的规定。保险合同中免责条款的规定应系双方当事人的意思自治，而且不违反法律、行政法规的相关规定，根据《民法典》一百四十三条的规定，该免责条款具有法律效力。因为保险合同基本均为格式条款，经常产生关于格式条款中免责条款说明或提示义务是否履行的歧义，根据《保险法司法解释二》第十条的规定："保险人将法律、行政法规中的禁止性规定情形作为保险合同免责条款的免责事由，保险人对该条款做出提示后，投保人、被保险人或者受益人以保险人未履行明确说明义务为由主张该条款不成为合同内容的，人民法院不予支持。"

关于是否履行了提示或者说明义务由保险人承担证明责任。投保人对保险人履行了明确说明义务，并在相关文书上签字、盖章或者以其他形式予以确认的，应当认定保险人履行了该项义务，但另有证据证明保险人未履行明确说明义务的除外。例如：保险合同订立时，保险人在投保单或者保险单等其他保险凭证上，对保险合同中免除保险人责任的条款，以足以引起投保人注意的文字、字体、符号或者其他明显标志做出提示的，应当认定其履行了《保险法》第十七条第二款规定的提示义务；保险人对保险合同中有关免除保险人责任条款的概念、内容及其法律后果以书面或者口头形式向投保人做出常人能够理解的解释说明的，也应当认定保险人履行了《保险法》第十七条第二款规定的明确说明义务；通过网络、电话等方式订立的保险合同，保险人以网页、音频、视频等形式对免除保险人责任条款予以提示和明确说明的，也可以认定其履行了提示和明确说明义务。

综上，发生道路交通事故后，承保商业三者险的保险公司将法律、行政法规中的禁止性规定情形作为保险合同免责条款的免责事由，保险公司只要就提示说明义务承担证明责任，便有权拒赔。

看了就能懂的
法律常识
道路交通
KANLE JIU NENG DONG DE
FALÜ CHANGSHI
DAOLU JIAOTONG

问题10：
商业三者险中有关事故主次责任的赔偿比例约定有效吗？

[**案例**]

2016年8月4日上午10时35分许，吴某驾驶重型半挂牵引车沿着某路段由西向东行驶至某路口处时，将由西向北左转弯行驶的李某驾驶的电动自行车撞倒，造成李某受伤、电动自行车损坏。当日，李某被送往医院接受治疗，住院70天，医疗费183229.36元。经医院诊断为左颞脑挫裂伤等，需3人护理，加强营养。2017年3月23日，经某司法医学鉴定中心出具鉴定意见，李某伤残等级为一级1处、十级1处，护理依赖程度为完全护理依赖，护理期限20年。事故发生后，经某公安交警大队认定，吴某承担事故的主要责任，李某承担事故的次要责任。本次交通事故中，肇事车辆登记车主系某运输队，吴某甲为该车的实际车主，二者系买卖关系，吴某系吴某甲雇佣的司机。而且肇事车辆在某保险公司投有交强险和商业三者险，交强险责任限额分别为：死亡伤残赔偿限额

110000元、医疗费用赔偿限额10000元、财产损失赔偿限额2000元。商业三者险责任限额共计550000元。本次事故发生在保险期间内。

案件审理期间，某保险公司辩称，根据某保险公司与某运输队双方之间签订的《商业三者险条款》第九条"保险人在依据本保险合同约定计算赔款的基础上，保险单载明的责任限额内，按下列免赔率免赔：违反安全装载规定，增加免赔率10%"的约定，因事故车辆超载，增加免赔率10%，同时主张赔偿总额以主车商业三者险限额为限。经审理，一审法院认为：某保险公司提交的证据均系格式条款，对其证明目的不予采信，故对其辩称理由不予采信。一审判决做出后，某保险公司不服提起上诉。经二审法院审理，二审法院认定：某保险公司诉称的应在商业三者险内免赔10%责任的理由成立，二审法院予以支持。

[法律问题]

本案中，某保险公司可否根据保险合同中约定的赔偿比例承担免赔10%的责任？

[法律分析]

本案中，某保险公司可以根据保险合同中约定的赔偿比例承担免赔10%的责任。根据《保险法》第十七条第二款的规定，对保险合同中免除保险人责任的条款，保险人在订立合同时应当在投保单、保险单或者其他保险凭证上作出足以引起投保人注意的提示，并对该条款的内容以书面或者口头形式向投保人作出明确说明；未作提示或者明确说明的，该条款不产生效力。同时，根据《保险法司法解释二》第十一条的规定，保险合同订立时，保险人在投保单或者保险单等其他保险凭证上，对保险合同中免除保险人责任的条款，以足以引起投保人注意的文字、字体、符号或者其他明显标志作出提示的，人民法院应当认定其履行了《保险法》第十七条第二款规定的提示义务。保险人对保险合同中有关免除保险人责任条款的概念、内容及其法律后果以书面或者口头形式向投保人做出常人能够理解的解释说明的，人民法院应当认定保险人履行了《保险法》第十七条第二款规定的明确说明义务。本案中，某保险公司提交的投保单上写有"投保人声明：本人确认投保单已附投保险种对应的保险条款，并且保险人已将保险条款的内容，尤其是免除保险人责任、投保人及被保险人义务、赔偿处理的条款的内容和法律后果，向本人进行了明确说明……本人对保险条款已认真阅读并充分理解……"并由某运输队在该投保单及投保提示上加盖公章。从投保单、投保提示及商业三者险条款来看，保险人在订立合同时已经对投保人进行了提示和明确说明，故该免责条款产生效力，某保险公司可以根据保险合同中约定的赔偿比例承担赔偿责任。

[**案例拓展**]

很多车主都觉得车险是非常复杂的，险种与条款也特别多，经常产生该购买什么险种及购买什么险种更具经济性等困惑。对于车险而言，众所周知，交强险是必须购买的，商业三者险也是应该尽可能购买的。那么商业三者险的赔偿范围都有哪些？如何计算商业三者险的赔偿款项呢？

商业三者险的赔偿范围是人身伤亡和财产直接损毁。人身伤亡就是人的身体受到伤害或者人的生命终止；财产直接损毁是指保险车辆发生意外事故，直接造成事故现场他人现有财产的实际损毁。当然，保险人不是无条件地完全承担"被保险人依法应当承担的经济赔偿责任"，而是依照《道路交通事故处理办法》及保险合同的规定给予赔偿。具体而言，保险人依据保险合同对事故的赔偿应当遵循我国《道路交通事故处理办法》规定的交通事故"以责论处"的原则，被保险人应按照在交通事故中所负责任的比例承担己方损失和对他方的赔偿责任，保险人则按照保险合同的规定，对被保险人在事故中应负责任比例下承担己方损失和在对他方赔偿范围内承担保险赔偿责任。对于任何与所负交通事故责任不相适应而加重被保险人赔偿责任的，保险人不负责对加重部分的赔偿责任。

关于发生交通事故后赔偿款项的计算问题。商业三者险赔偿款项的计算方法分两种：第一种，当被保险人按事故责任比例应承担的赔偿金额超过赔偿限额时：赔款=赔偿限额×（1-免赔率）；第二种，当被保险人按事故责任比例应承担的赔偿金额低于赔偿限额时：赔款=应承担的赔偿金额×（1-免赔率）。而且在对商业三者险赔偿款项进行计算时，被保险人应特别注意以下几点：1. 赔款计算依据为交通管理部门出具的《道路交通事故认定书》以及据此出具的《道路交通事故损害赔偿调解书》。当调解结果与事故认定书不一致时，对于调解结果中认定的超出被保险人责任范围的金额，保险不予承担。2. 对于不属于保险合同中规定的赔偿项目但被保险人已自行承诺或支付的费用，保险人不予承担。3. 法院判决被保险人应赔偿第三者的精神损失赔偿费等，保险人不予承担。4. 保险人对第三者责任事故赔偿后，对受害第三者的任何赔偿费用的增加不再负责。

综上所述，商业三者险保险合同与普通的民事合同具有相同的法律效力，是规制双方当事人权利义务的依据，受《民法典》及其相关法律、行政法规的调整。关于商业三者险保险合同中有关事故主次责任的赔偿比例约定，在保险人履行了提示及说明义务后，该约定对双方当事人具有法律约束力。

第五章
交通事故中的赔偿问题

问题1：

交通事故中，侵权责任的承担方式可以自主
选择吗？

[案例]

2016年5月26日16时40分许，姚某驾驶的小型客车沿某路段由
西向东行驶至某交叉路口时，与杨某驾驶的小型客车（搭载陈某）相
撞，造成陈某受伤、两车受损的道路交通事故。该事故经某公安交警
大队出具《道路交通事故认定书》，认定：姚某、杨某负此事故同等
责任，陈某不负事故责任。双方在交警部门达成损害赔偿调解结果：
双方损失按交强险限额赔付；超出部分，由当事人姚某承担两车损失
及陈某医院检查费、治疗费、交通费、伙食补助费、误工费等相关费
用的50%，由当事人杨某承担两车损失及陈某医院检查费、治疗费、
交通费、伙食补助费、误工费等相关费用的50%；当事人陈某不承担
费用。杨某驾驶的小型客车车主系陈某，发生交通事故时车辆由杨某
驾驶，二人系朋友关系。姚某驾驶的小型客车登记车主系张某，发生

交通事故时车辆由姚某驾驶，两人系夫妻关系，该车在某财产保险股份有限公司投保交强险。交通事故发生后经查，陈某的小型客车在某保险公司投保交强险、商业三者险、机动车损失保险等险种，机动车损失保险的保险金额为188700元。交通事故发生后，某保险公司对陈某的车辆定损并出具损失情况认定书及零部件更换项目清单，该车定损修理费金额为64739.3元；根据某保险公司家庭自用汽车损失险保险条款计算，该车发生交通事故时的价值为59600元。该车发生交通事故后一直未修理。案件审理过程中，陈某申请对其小型客车修理费进行评估，经某价格有限责任事务所出具的价格评估书，评定该车修理费用为116876元，陈某支付评估费用3000元。姚某对评估结论有异议，申请复核。某价格有限事务所出具书面复函，维持原评估结论。后姚某仍有异议，姚某向法院申请对陈某的小型客车发生交通事故前的实际价值进行鉴定。原审法院委托某资产评估有限责任公司鉴定，经鉴定，该车发生交通事故前的价值为47264元，评估基准日为2016年5月26日。陈某对评估意见提出异议，某资产评估有限公司出具书面回复。陈某申请鉴定人出庭，法院通知鉴定人李某出庭。经释明，陈某不同意按照47264元赔偿车辆损失，不同意变更诉讼请求，坚持要求被告赔偿车辆修理费用116876元。

经审理，一审法院认为：陈某的车辆修理费用已经远远超出车辆的实际价值，已经不适用恢复原状的责任赔偿方式，通过折价根据车辆的实际价值进行赔偿，已经足以弥补受害人的财产损失，也符合民法填补损失的基本原则。一审判决做出后，陈某不服，提起上诉。二审期间，上诉人陈某于2017年7月19日在某汽车销售公司将受损车辆修理完毕，支付修理费80000元。上诉人陈某认为，受损车辆已经修理完毕，被上诉人应当按照发票载明的修理费80000元进行赔偿。二审法院经审理认为，被上诉人姚某、杨某应依据陈某实际损失的80000元进行赔偿。

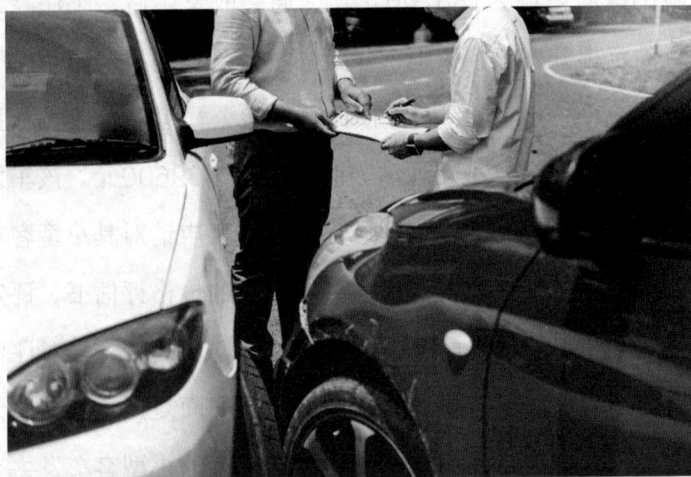

[法律问题]

一审中，本案中对于陈某的车辆损失应依据什么标准予以赔偿？

[法律分析]

本案一审中，对于陈某的车辆损失应依据陈某的主张，依据某价格有限事务所出具的价格评估书评定的修理费116876元予以赔偿。根据《道路交通事故司法解释》第十二条的规定："因道路交通事故造成下列财产损失，当事人请求侵权人赔偿的，人民法院应予支持：（一）维修被损坏车辆所支出的费用、车辆所载物品的损失、车辆施救费用；（二）因车辆灭失或者无法修复，为购买交通事故发生时与被损坏车辆价值相当的车辆重置费用。……"因此，交通事故造成他人财产直接损失的，赔偿方式有恢复原状和折价赔偿两种。所谓恢复原状，是指恢复原来的状态，即在功能上、形态上、价值上没有太大变化。所谓折价赔偿，是指赔偿的损失以受损坏的财产的实际价值为限。在一般情况下，应当先恢复原状；不能恢复原状的，才折价赔偿损失。具体来讲，因交通事故损坏的车辆、物品、设施等，首先应由事故责任人予以修复；不能修复的，折价赔偿。牲畜因伤失去作用价值或者死亡的，折价赔偿。本案中，陈某的车辆在交通事故中受损，一审期间虽然其未予以修理，但该车辆有恢复原状的可能性，因而对其车辆应当予以修复，而非直接选择车辆重置。在受损车辆具有恢复原状和赔偿车辆重置费用两种侵权责任的承担方式的情形下，应当尊重当事人的主张，给予交通事故的受损害方的选择权以充分的尊重和保护。本案中，陈某主张依据某价格有限事务所出具的价格评估书评定的修理费116876元对其损害恢复原状，既具有事实依据，又符合法律的相关规定。因此，本案一审中，对于陈某的车辆损失应依据陈某的主张，依据某价格有限事务所出具的价格评估书评定的修理费116876元予以赔偿。

［案例拓展］

就交通事故财产损失的赔偿方式而言，交通事故造成他人财产直接损失的，赔偿方式有恢复原状和折价赔偿两种。在一般情况下，应当先恢复原状；不能恢复原状的，应折价赔偿损失。具体来讲，因交通事故损坏的车辆、物品、设施等，首先应由事故责任人予以修复；不能修复的，折价赔偿。在主张赔偿时，关于车辆及财物损失要获得赔偿，需要提供的证据包含：1. 财物损失一定要有交警部门的书面证明；2. 财物价值要有购物发票等证据；对伤者而言，财物损失主要是随身物品或使用的驾驶工具的损失，如手机、摩托车、电动车等，但如果没有证明及发票，仅凭当事人口述，就难以得到法院的支持；3. 车损一般都要求有保险公司的定损单，否则难以得到法院的支持。如果车辆因停运造成损失车辆所有人主张赔偿，需要提供如下证据：1. 车辆营运证；2. 车辆停运前一段时间关于车辆经营收入的证据。当事人对停运前的经营收入数额有异议的，可以向法院申请对经营的账目进行审计。

问题2：
发生交通事故造成人身损害，权利人可主张医疗费、护理费、交通费等为治疗和康复支出的合理费用吗？

[案例]

2018年2月5日18时，卢某驾驶的小型轿车沿着某路段由东向西行驶至某路口处时与同方向步行的徐某发生碰撞，造成徐某受伤的道路交通事故。某市公安局交通警察支队事故处理大队对该事故出具《道路交通事故认定书》，认定：卢某驾驶机动车在行驶中未注意观察，负事故全部责任。徐某受伤后被送至某医院住院接受治疗，共住院21天，花费医疗费18224.19元。经徐某自行委托，某司法鉴定所出具《鉴定意见书》，鉴定结论为：评定原告误工期限（含住院）拟为7个月，护理期限（含住院）拟为1.5个月，营养期限拟为1.5个月。后某医院司法鉴定所又于2018年12月25日出具《鉴定意见书》，鉴定结论为：徐某目前患有脑外伤所致精神障碍（器质性神经症样综合征），与交通事故有直

接因果关系，评定为十级伤残。为此，徐某支付鉴定费用3100元。卢某
对上述鉴定结论持有异议，并申请重新司法鉴定。一审法院依法予以准
许后委托某司法鉴定中心进行司法鉴定。该中心出具《法医精神病鉴定
意见书》及《法医临床鉴定意见书》，鉴定结论为：徐某符合"器质性
精神障碍"的诊断，与颅脑外伤系直接因果关系。徐某2018年2月5日
因车祸导致"器质性精神障碍"，参照《人体损伤致残程度分级（2016
版）》之规定，构成十级伤残。徐某误工期限以150日左右为宜（包括
住院时间），护理期限以45日左右为宜（包括住院时间），营养期限以
45日左右为宜。徐某自定残之日止满47周岁，其自2016年4月起由用工
单位参与缴纳基本养老保险。事故发生后，卢某已支付徐某20000元。

[**法律问题**]

本案中，受害人徐某可以向侵权人卢某请求哪些赔偿费用？

[**法律分析**]

根据《道路交通安全法》第七十六条之规定，本案中受害人徐某
因道路交通事故造成人身损害有权请求侵权人承担侵权责任。《道路交
通安全法》第七十六条规定的"人身伤亡"是指机动车发生交通事故侵
害被侵权人的生命权、身体权、健康权等人身权益所造成的损害，包括
《民法典》第一千一百七十九条和第一千一百八十三条规定的各项损
害。根据《民法典》第一千一百七十九条的规定："侵害他人造成人身
损害的，应当赔偿医疗费、护理费、交通费、营养费、住院伙食补助费

等为治疗和康复支出的合理费用，以及因误工减少的收入。造成残疾的，还应当赔偿辅助器具费和残疾赔偿金；造成死亡的，还应当赔偿丧葬费和死亡赔偿金。"根据《民法典》第一千一百八十三条的规定："侵害自然人人身权益造成严重精神损害的，被侵权人有权请求精神损害赔偿。因故意或者重大过失侵害自然人具有人身意义的特定物造成严重精神损害的，被侵权人有权请求精神损害赔偿。"因此，本案中，受害人徐某因交通事故造成损害，有权请求侵权人卢某承担为治疗和康复支出的合理费用和因误工而减少的收入以及精神损害赔偿费用。关于各项费用的具体数额可以根据当事人自行协商予以赔偿；协商不成的，请求人民法院予以判决。法院审理过程中，受害人徐某应当就其主张的各项费用的具体数额承担证明责任。经审理，法院依据徐某的诉讼请求分别对各项费用具体数额予以认定。

[案例拓展]

根据《民法典》《道路交通安全法》及其相关司法解释的规定，道路交通事故中的受害人，因道路交通事故遭受人身损害的，可以请求侵权人就因治疗支出的各项费用以及因误工减少的收入承担赔偿责任，具体包括医疗费、误工费、护理费、交通费、住宿费、住院伙食补助费、必要的营养费等。如果受害人因伤致残的，赔偿义务人应增加生活需要的必要费用以及因丧失劳动能力导致的收入损失，包括残疾赔偿金、残疾辅助器具费、被扶养人生活费，以及因康复护理、继续治疗实际发生的必要的康复费、护理费、后续治疗费，赔偿义务人也应当予以赔偿。受害人死亡的，赔偿义务人除应当根据抢救治疗情况赔偿上述的相关费用外，还应当赔偿丧葬费、被扶养人生活费、死亡补偿费以及受害人亲属办理丧葬事宜支出的交通费、住宿费和误工损失等其他合理费用。各项费用的具体解释及相关注意事项如下：

1. 医疗费。医疗费是指自然人的身体受到损伤后接受的医学上的检查、治疗与康复训练所必须支出的费用。司法实践中常见的医疗费用类别包括门诊挂号费、观察治疗费、药费、检查治疗费、住院费等费用。受害人主张侵权人赔偿医疗费用时，应当根据医疗机构出具的医药费、住院费等收款凭证，结合病历和诊断证明等相关证据确定具体的赔偿数额。赔偿义务人对治疗的必要性和合理性有异议的，应当承担相应的举证责任。医疗费的具体赔偿数额，按照一审法庭辩论终结前实际发生的数额确定。

2. 误工费。误工费是指受害人本人因交通事故原因受伤治疗期间，甚至恢复期间、定残之日以前，不能生产、劳动、工作和从事其他经营活动而减少的收入，以及死亡受害人家属办理丧葬事宜导致的合理误工损失。受害人主张侵权人赔偿误工费用时，应当根据受害人的误工时间和收入状况确定。误工时间根据受害人接受治疗的医疗机构出具的证明确定。受害人因伤致残持续误工的，误工时间可以计算至定残日前一天。受害人有固定收入的，误工费按照实际减少的收入计算；受害人无固定收入的，按照其最近三年的平均收入计算；受害人不能举证证明其最近三年的平均收入状况的，可以参照受诉法院所在地相同或者相近行业上一年度职工的平均工资计算。

3. 护理费。护理费是指受害人的人身受到损害后达到需要护理依赖的程度，在医疗或者康复过程中所必需的陪护人员的误工费或工资。受害人主张侵权人承担护理费用时，应当根据护理人员的收入状况、护理人数及护理期限确定。护理人员有收入的，参照误工费的规定计算；护理人员没有收入或者雇佣护工的，参照当地护工从事同等级别护理的劳务报酬标准计算。护理人员原则上为一人，但医疗机构或者鉴定机构有明确意见的，可以参照确定护理人员人数。护理期限应计算至受害人恢复生活自理能力时止。受害人因残疾不能恢复生活自理能力的，可以根据其年龄、健康状况等因素确定合理的护理期限，但最长不超过二十年。

4. 交通费。根据《人身损害赔偿司法解释》第九条的规定："交通费根据受害人及其必要的陪护人员因就医或者转院治疗实际发生的费用计算。交通费应当以正式票据为凭；有关凭据应当与就医地点、时间、人数、次数相符合。"交通费赔偿额的计算应当以"实际发生"为标准。

5. 住院伙食补助费。住院伙食补助费是指受害人住院期间加强营养或配合医疗的伙食补助费用，其中包括因客观原因不能住院，受害人本人及其陪护人员实际发生的住宿费和伙食费。受害人主张侵权人承担住院伙食补助费时，可以参照当地国家机关一般工作人员的出差伙食补助标准予以确定。受害人确有必要到外地治疗，因客观原因不能住院，受害人本人及其陪护人员实际发生的住宿费和伙食费，其合理部分应予赔偿。

6. 营养费。营养费是受害人通过平常饮食的摄入尚不能满足受损害身体的需求，而需要以平常饮食以外的营养品作为对身体的补充而支出的费用，是一种辅助治疗。受害人主张侵权人承担营养费用时，应当根据受害人伤残情况参照医疗机构的意见确定。确定营养费具体数额时，除根据医疗机构的建议酌情花费的数额外，营养费的赔偿标准也可以按照当地居民平均生活费标准的40%—60%来计算。

7. 残疾赔偿金。残疾赔偿金是指事故导致受害人残疾，从而丧失部分或者全部劳动能力后导致收入减少，给予受害人用于个人生活的补助。侵权人向受害人赔偿残疾赔偿金时，应当根据受害人丧失劳动能力程度或者伤残等级，按照受诉法院所在地上一年度城镇居民人均可支配收入或者农村居民人均纯收入标准，自定残之日起按二十年计算。但六十周岁以上的，年龄每增加一岁减少一年；七十五周岁以上的，按五年计算。受害人因伤致残但实际收入没有减少，或者伤残等级较轻但造成职业妨害严重影响其劳动就业的，可以对残疾赔偿金做相应调整。

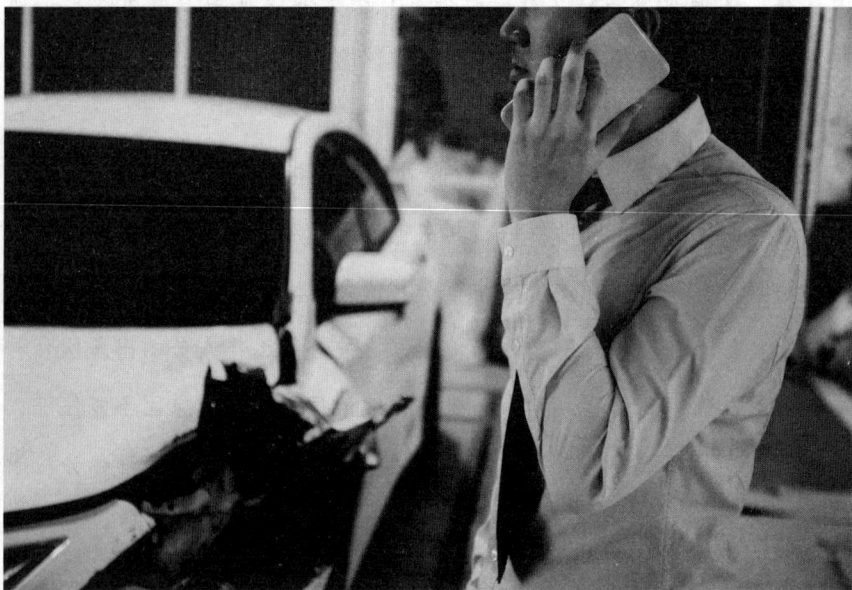

8. 残疾辅助器具。残疾辅助器具是指受害人用于购买器官功能伤残后的辅助器具费用。受害人请求侵权人赔偿残疾辅助器具费时，应当按照普通适用器具的合理费用标准计算。伤情有特殊需要的，可以参照辅助器具配制机构的意见确定相应的合理费用标准。辅助器具的更换周期和赔偿期限参照配制机构的意见确定。

9. 丧葬费。丧葬费是指道路交通事故致人死亡的，受害人家属为处理死者的丧葬等后事而需要支付的费用。就交通事故人身损害赔偿案件中，死亡受害人丧葬费的具体数额根据《人身损害赔偿司法解释》第十四条的规定，丧葬费按照受诉法院所在地上一年度职工月平均工资标准，以六个月总额计算。

10. 死亡赔偿金。死亡赔偿金是指受害人死亡后，按照一定标准给予受害人家庭一次性的经济补偿。死亡赔偿金的主张权利人只能为受害人的近亲属，其近亲属主张死亡赔偿金的具体数额应当按照受诉法院所在地上一年度城镇居民人均可支配收入或者农村居民人均纯收入标准，按二十年计算。但六十周岁以上的，年龄每增加一岁减少一年；七十五周岁以上的，按五年计算。

11. 被扶养人生活费。被扶养人是指受害人依法应当承担扶养义务的未成年人或者丧失劳动能力又无其他生活来源的成年近亲属。被扶养人生活费是指受害人在受到损害以前可以依法承担扶养义务的未成年子女或丧失劳动能力又无其他生活来源的成年近亲属的费用。受害人向侵权人主张被扶养人生活费用时，应当根据扶养人丧失劳动能力程度，按照受诉法院所在地上一年度城镇居民人均消费性支出和农村居民人均年生活消费支出标准计算。被扶养人为未成年人的，计算至十八周岁；被扶养人无劳动能力又无其他生活来源的，计算二十年。但六十周岁以上的，年龄每增加一岁减少一年；七十五周岁以上的，按五年计算。被扶养人还有其他扶养人的，赔偿义务人只赔偿受害人依法应当负担的部分。被扶养人有数人的，年赔偿总额累计不超过上一年度城镇居民人均消费性支出额或者农村居民人均年生活消费支出额。赔偿权利人举证证明其住所地或者经常居住地城镇居民人均可支配收入或者农村居民人均纯收入高于受诉法院所在地标准的，残疾赔偿金或者死亡赔偿金可以按照其住所地或者经常居住地的相关标准计算；被扶养人生活费的相关计算标准，依照前款原则确定。

12. 精神损害赔偿金。根据《民法典》第一千一百八十三条的规定，交通事故中受害人的人身权益遭受侵害的，可以主张精神损害赔偿。受害人或者近亲属遭受精神损害，赔偿权利人向人民法院请求精神损害抚慰金的，适用《最高人民法院关于确定民事侵权精神损害赔偿责任若干问题的解释》予以确定。同时，精神损害抚慰金的请求权，不得让与或者继承。但是赔偿义务人已经以书面方式承诺给予金钱赔偿或者赔偿权利人已经向人民法院起诉的除外。

因交通事故造成损失可以请求侵权人承担上述赔偿义务但并不限于这些费用项目，根据相关法律规定，侵权人应当承担的赔偿责任是就本次交通事故造成的损害承担赔偿责任，因此，只要被侵权人的损害与本次交通事故存在因果关系，且有证据证明确实存在因果关系，受害人便可以请求侵权人承担赔偿责任。

问题3：
发生交通事故造成财产损失，权利人可就其损失主张具体赔偿费用吗？

[案例]

2020年5月24日，田某驾驶的半挂牵引车沿某大道行驶至某路口处时，因违反交通信号灯通行与李某驾驶的轻型自卸货车相撞发生交通事故，导致双方车辆受损，李某受轻微伤。某市公安局交通警察支队二大队于2020年5月27日出具《道路交通事故认定书》，认定：田某负事故全部责任，李某无责任。田某驾驶的半挂牵引车登记车主为某物流有限公司，该车在被告某财产保险股份有限公司投保有交强险、在被告某人寿财产保险股份有限公司投保有公众责任保险（其中公众每次事故赔偿限额100万元、物流每次限额50万元）。事故发生在保险期间。经李某的委托，某保险评估股份有限公司于2020年6月29日做出评估报告：李某驾驶的车辆损失67600元，停运损失41528元（停运58天，每天716元），原告共支付评估费5380元（其中停运评估费2000元），为处理此次事故，原告另支付施救费2000元。某汽车维修厂该车维修费71500元已收讫。李某为轻型自卸货车实际所有人，该车挂靠在某运输有限公司运营。根据原告李某的申请，一审法院已经对半挂牵引车进行了查封，原告李某缴纳财产保全费520元。

经审理，法院认为，某运输有限公司系轻型自卸货车车主（李某系实际车主），对于其作为二原告主张的轻型自卸货车相关损失，一审法院予以支持。

[法律问题]

1. 本案中，受害人李某可以主张何种赔偿？

2. 本案中，李某的损害赔偿应由哪个主体承担赔偿责任？

3. 本案中，案涉评估报告可否作为定案依据？

[法律分析]

关于李某的损害赔偿请求，根据《道路交通事故司法解释》第十二条的规定，因道路交通事故造成下列财产损失，当事人请求侵权人赔偿的，人民法院应予支持：（一）维修被损坏车辆所支出的费用、车辆所载物品的损失、车辆施救费用；（二）因车辆灭失或者无法修复，为购买交通事故发生时与被损坏车辆价值相当的车辆重置费用；（三）依法从事货物运输、旅客运输等经营性活动的车辆，因无法从事相应经营活动所产生的合理停运损失；（四）非经营性车辆因无法继续使用，所产生的通常替代性交通工具的合理费用。根据本起事故车辆的受损情况和所需的必要维修时间，法院酌情认定停运时间为32天较为合理，故原告的停运损失一审法院认定为22912元（716元/天×32天，含评估费）。关于原告诉求损失，法院认定如下：车损67600元、评估费3380元、停运损失费22912元，合计93892元。

关于责任主体问题。《道路交通事故司法解释》第十三条规定：同时投保机动车第三者责任强制保险和第三者责任商业保险的机动车发生交通事故造成损害，当事人同时起诉侵权人和保险公司的，人民法院应当依照《民法典》第一千二百一十三条的规定，确定赔偿责任。《保险法》第十七条规定："订立保险合同，采用保险人提供的格式条款的，保险人向投保人提供的投保单应当附格式条款，保险人应当向投保人说明合同的内容。对保险合同中免除保险人责任的条款，保险人在订立合同时应当在投保单、保险单或者其他保险凭证上作出足以引起投保人注意的提示，并对该条款的内容以书面或者口头形式向投保人作出明确说明；未作提示或者明确说明的，该条款不产生效力。"本案中，某财产保险股份有限公司应在其承保的交强险责任限额内赔偿原告财产损失2000元。对于剩余损失，某人寿财产保险股份有限公司所提供证据不足以证明其已向投保人送达了保险免责条款，且已就免责条款事宜向投保人做出了明确说明，相关免责条款不产生效力。故某人寿财产保险股份有限公司应在其承保的商业险责任限额内承担赔偿责任。被告田某、某物流有限公司在本案中不再承担赔偿责任。

本案中，案涉评估报告可以作为定案依据。国家机关及其社会组织依据职权做出的文件，认定为真实，具有相关法律效力，但有证据足以推翻的除外。根据相关法律规定，对于自行委托鉴定，法律、法规并未做出禁止性规定，而且被告一方并未提供证据证明该鉴定报告所涉鉴定机构或鉴定人员的鉴定资格、鉴定程序、鉴定结论的依据存在瑕疵。故而本案中案涉评估报告可以作为定案依据。

[案例拓展]

《道路交通安全法》第七十六条规定的"财产损失"是指因机动车发生交通事故侵害被侵权人的财产权益所造成的损失。根据《道路交通事故司法解释》第十二条的规定："因道路交通事故造成下列财产损失，当事人请求侵权人赔偿的，人民法院应予支持：（一）维修被损坏车辆所支出的费用、车辆所载物品的损失、车辆施救费用；（二）因车辆灭失或者无法修复，为购买交通事故发生时与被损坏车辆价值相当的车辆重置费用；（三）依法从事货物运输、旅客运输等经营性活动的车辆，因无法从事相应经营活动所产生的合理停运损失；（四）非经营性车辆因无法继续使用，所产生的通常替代性交通工具的合理费用。"根据相关法律规定，侵害他人财产的，财产损失应当按照损失发生时的市场价格或者其他合理方式计算。

车辆维修费用是机动车在交通事故中损坏后，自然人需要对之进行维修才能恢复其事故前原本的适用性能及状态，这属于恢复原状的责任类型。由于机动车的维修是一种特定行业，需要专业技术，因此一般情况下交通事故当事人自己是无法完成的，必须要委托专业的机动车维修单位来进行，由此也就会产生相应的费用（即修车费）。这就使得恢复原状责任转化为损害赔偿责任，即通过对修车费的赔偿，最终实现对机动车的恢复原状。在司法实践中，关于修车费用具体数额的认定问题需要受害人提供发票和维修清单、受损车辆照片等可以证明车辆受损以及具体修理费用的证据，而且这些证据应尽可能提供原件且证据无瑕疵，否则证据的证明力将大打折扣。当然，如果侵权人对具体数额存疑应提供相反证据予以证明，不能仅凭借主观认为费用过高而提出各种不赔或少赔的主张，没有证据支撑的当事人个人意见很难被采信。在没有发票或者维修清单的情况下，受害人还可以通过申请司法鉴定来鉴定车辆存在维修的事实及维修费用的具体数额。当然，即使受害人在有发票及维修清单的情形下，必要时也可以通过价格鉴定程序来对维修车辆的费用的实际数额进行核实。

在道路交通事故中，关于车辆所载物品的损失的赔偿费用，应结合货运单或者托运单、买卖合同、税票、过磅单、事故现场照片等认定车辆所载物品的损失，也可以委托第三方对车辆所载物品的损失进行评估。关于未载入道路交通事故认定书的随身携带或者随车的物品，因缺乏损失与事故之间存在因果关系的证明材料，该部分的损失难以认定。

看了就能懂的
法律常识
道路交通
KANLE JIU NENG DONG DE
FALÜ CHANGSHI
DAOLU JIAOTONG

　　关于车辆施救费用，根据《保险法》第五十七条的规定，保险事故发生后，被保险人为防止或者减少保险标的的损失所支付的必要的、合理的费用，由保险人承担；保险人所承担的费用数额在保险标的损失赔偿金额以外另行计算，最高不超过保险金额的数额。因此，保险公司承担车辆施救费用有限度的，除了保险限额限度外，施救费用还不能超出各地发展和改革委员会公布的收费标准，否则超出部分保险公司不予承担。

　　关于车辆重置费用，根据《道路交通事故司法解释》第十二条的规定，车辆重置费用是指因车辆灭失或者无法修复，为购买交通事故发生时与被损坏车辆价值相当的费用。车辆重置费用不仅包含车辆购置款，还应包括为正常使用车辆所支出的必要的车辆购置税、保险费等相关费用。

　　关于如何确定受损车辆在事故发生时的价值，目前司法实践中的通常做法是委托有资质的鉴定机构进行司法鉴定。需要注意的是，车辆重置费用并不等同于司法鉴定认定的数额，司法鉴定所得出的价格只是受害人可以购买到车辆所要支出的基本对价。若受害人想要最终占有、使用、受益、处分该车辆，还需要根据法律规定支付其他必要的费用，因此产生的相关费用仍然应当作为车辆重置费用的一部分由侵权人予以赔偿。

　　关于交通事故造成车辆损坏期间的停运损失，也可以主张侵权人承担赔偿责任。管理较为规范的行业，可根据公司财务报表（运营成本、近期平均利润）、运营能力、纳税证明等材料确定停运损失；实际损失难以和营业额区分的，法院会根据市场行情酌情确定，这个办法更为经济、便捷，但是也可能出现酌定金额低从而对受害人不公的现象；也可委托第三方对损失进行评估，但存在案件处理周期长、鉴定不规范等问题。因此，当事人应根据案件具体情况综合分析，并选择合适的方式确定事故造成的停运损失。

通常替代性交通工具的合理费用不能以被侵权人实际支出的替代性交通工具的费用作为认定损失的依据，要以诚实信用为基础，遵循必要性、合理性原则，根据事故车辆本身的价值大小和一般使用用途来确定。实践中，一般车辆都是作为出行的代步工具使用的，因此，可以根据日常出行的情况，以实际支出的出租车费用作为计算损失的依据。但对于有特殊需要的车辆，当事人如果能举证证明其需要是实际合理的，就可以租车并将其作为"通常替代性交通工具"。如果车辆维修时间较短，可由法院酌情确定通常替代性交通工具的合理费用。此方法诉讼成本低，也更为便捷。对于不合理的修理时间，不予计算通常替代性交通工具的费用。

除此之外，就财产损失赔偿的支付方式而言，在交通事故造成损害后，当事人可以协商赔偿费用的支付方式。赔偿费用应当一次性支付；一次性支付确有困难的，可以分期支付，但是被侵权人有权请求提供相应的担保。